L'Italie dans Votre Assiette
Une Odyssée Gastronomique

Marco Bianchi

CONTENU

Ragù de poulet farci 9

Poulet bouilli frit 12

poulet sous une brique 15

Salade de poulet au citron 17

Salade de poulet aux deux poivrons 20

Salade de poulet à la piémontaise 23

Poitrine de dinde farcie roulée 26

Dinde rôtie cuite 28

Rouleaux de dinde à la sauce tomate au vin rouge 31

Magret de canard aux figues aigre-douce 34

Canard rôti aux épices 37

Caille à la poêle avec du porc 40

caille grillée 43

Caille aux tomates et romarin 45

Caille mijotée 47

Steak grillé à la florentine 50

Steak glacé au balsamique 52

Filet de coquille aux échalotes, lardons et vin rouge 54

Steak tranché à la roquette 56

Steaks de surlonge au gorgonzola 58

Rouleaux de viande farcis à la sauce tomate 60

boeuf et bière 63

Ragoût de boeuf et oignons 65

Ragoût de bœuf au poivre 68

Ragoût de bœuf du Frioul 70

Ragoût de viande mélangée, façon chasseur 73

Ragoût de bœuf 76

Queue de boeuf mijotée à la romaine 79

Cuisse de veau mijotée 82

Aubergines farcies à la viande 85

Boulettes de viande napolitaines 87

Boulettes de viande aux pignons de pin et raisins secs 89

Boulettes de viande au chou et tomates 92

Boulettes de viande, à la bolognaise 95

Boulettes de viande à Marsala 98

Tourte à la viande, à l'ancienne façon napolitaine 100

Steak au vin rouge 102

Steak avec sauce à l'oignon et pâtes 104

Rouleau de bœuf farci à la sicilienne 107

Surlonge grillé avec sauce aux olives 111

Mélanges de viande bouillie 113

Côtelettes de porc marinées grillées ... 117

Côtes levées à la façon du Frioul ... 119

Côtes levées à la sauce tomate ... 121

Côtes levées aux épices, à la toscane ... 123

Côtes levées et haricots ... 125

Côtelettes de porc épicées aux poivrons marinés ... 127

Escalopes de porc au romarin et pommes ... 129

Escalopes de porc à la sauce aux champignons et tomates ... 131

Côtelettes de porc aux cèpes et vin rouge ... 134

Escalopes de porc au chou ... 136

Côtelettes de porc au fenouil et vin blanc ... 138

Côtelettes de porc, façon pizza ... 140

Côtelettes de porc, façon Molise ... 142

Filet de porc glacé au balsamique avec roquette et parmigiano ... 144

Longe de porc aux herbes ... 147

Filet de porc calabrais au miel et au piment ... 149

Rôti de porc aux pommes de terre et au romarin ... 152

Filet de porc au citron ... 154

Longe de porc aux pommes et grappa ... 157

Rôti de porc aux noisettes et crème ... 159

Longe de porc toscane ... 162

Épaule de porc rôtie au fenouil ... 164

Cochon rôti 166

Steak de longe de porc désossé aux épices 170

Épaule de porc grillée au lait 173

Épaule de porc braisée aux raisins 175

Épaule de porc à la bière 178

Côtelettes d'agneau au vin blanc 180

Côtelettes d'agneau aux câpres, citron et sauge 182

Côtelettes d'agneau croustillantes 184

Côtelettes d'agneau aux artichauts et olives 186

Côtelettes d'agneau à la sauce tomate, câpres et anchois 188

Brûlez-vous les doigts côtelettes d'agneau 190

Agneau grillé, façon Basilicate 192

Brochettes d'agneau grillées 194

Ragoût d'agneau au romarin, menthe et vin blanc 196

Ragoût d'agneau de l'Ombrie avec purée de pois chiches 199

agneau façon chasseur 202

Ragoût d'agneau, pommes de terre et tomates 205

Ragoût d'agneau et poivrons 207

Ragoût d'agneau aux œufs 209

Agneau ou chevreau aux pommes de terre, à la sicilienne 212

Ragoût d'agneau et de pommes de terre des Pouilles 215

Gigot d'agneau aux pois chiches 218

Gigot d'agneau au poivre et prosciutto 220

Gigot d'agneau aux câpres et olives 223

Ragù de poulet farci

Poulet roulé au Ragù

Donne 6 portions

Ma grand-mère préparait le poulet de cette façon pour les fêtes et les occasions spéciales. Non seulement la farce parfume le poulet de l'intérieur, mais toute farce renversée dans la sauce lui donne une saveur supplémentaire.

Le poulet sera recouvert d'une généreuse quantité de sauce. Vous pouvez réserver pour accompagner des pâtes pour un autre repas.

8 onces d'épinards, hachés

8 onces de bœuf haché

1 gros oeuf, battu

1/4 verre de chapelure sèche

1/4 tasse de Pecorino Romano fraîchement râpé

Sel et poivre noir fraîchement moulu

1 poulet (3 1/2-4 livres)

2 cuillères à soupe d'huile d'olive

1 oignon moyen haché

1/2 tasse de vin blanc sec

1 boîte (28 oz) de tomates pelées, passées au moulin

1 feuille de laurier

1.Placer les épinards dans une grande casserole à feu moyen avec 1/4 tasse d'eau. Couvrir et cuire 2 à 3 minutes ou jusqu'à ce qu'ils soient tendres et tendres. Égoutter et laisser refroidir. Enveloppez les épinards dans un chiffon non pelucheux et essorez-les autant d'eau que possible. Hachez finement les épinards.

deuxDans un grand bol, mélanger les épinards hachés, le bœuf, l'œuf, la chapelure, le fromage, le sel et le poivre au goût. Bien mélanger.

3.Lavez le poulet et séchez-le. Assaisonner l'intérieur et l'extérieur avec du sel et du poivre. Remplissez légèrement la cavité du poulet de farce.

Quatre. Faites chauffer l'huile dans une grande casserole à fond épais à feu moyen. Placez la poitrine de poulet vers le bas. Cuire au four pendant 10 minutes ou jusqu'à ce qu'ils soient dorés. Retournez la poitrine de poulet vers le haut. Étalez l'oignon sur le poulet et faites-le revenir encore 10 minutes. Répartissez le reste de la farce autour du poulet. Ajoutez le vin et laissez cuire 1 minute. Garnir le poulet de tomates, de feuilles de laurier, de sel et de poivre au goût. Baissez le feu et couvrez partiellement la casserole. Cuire 30 minutes.

5. Retournez délicatement le poulet. Cuire partiellement à couvert pendant encore 30 minutes. Si la sauce est trop fine, découvrez la poêle. Cuire pendant 15 minutes supplémentaires ou jusqu'à ce que le poulet se détache de l'os lorsqu'il est testé avec une fourchette.

6. Retirez le poulet de la sauce. Tranchez le poulet et placez-le dans un bol. Écumez le gras de la sauce avec une grande cuillère ou un séparateur de graisse. Versez un peu de sauce sur le poulet et servez chaud.

Poulet bouilli frit

Poulet Bollito Arrosto

Donne 4 portions

Leona Ancona Cantone, une amie du lycée, a déclaré que sa mère, dont la famille était originaire des Abruzzes, faisait quelque chose de similaire il y a des années. J'imagine que la recette a été conçue pour tirer le meilleur parti du poulet, car il contient à la fois du bouillon et de la viande rôtie. En utilisant la méthode de l'ébullition et de la friture, l'oiseau est très tendre.

1 poulet (3 1/2-4 livres)

1 carotte

1 branche de céleri

1 oignon épluché

4 ou 5 brins de persil

Sel

$^{deux}/3$ tasse de chapelure

1/3 tasse de Parmigiano-Reggiano fraîchement râpé

1/2 cuillère à café d'origan séché, écrasé

2-3 cuillères à soupe d'huile d'olive

2 cuillères à soupe de jus de citron

poivre noir fraichement moulu

1. Placez les extrémités des ailes derrière le dos. Placez le poulet dans une grande casserole et ajoutez de l'eau froide pour couvrir. Portez le liquide à ébullition et laissez cuire 10 minutes. Écumez la mousse avec une grande cuillère.

deuxAjouter les carottes, le céleri, l'oignon, le persil et le sel au goût. Cuire à feu moyen-doux jusqu'à ce que le poulet soit tendre lorsque vous percez la partie la plus épaisse de la cuisse avec une fourchette et que le jus soit clair, environ 45 minutes. Retirez le poulet de la marmite. (Vous pouvez ajouter plus d'ingrédients au bouillon, comme des morceaux de viande ou de poulet, et cuire environ 60 minutes de plus. Filtrer et réfrigérer le bouillon, ou le congeler pour des soupes ou d'autres utilisations.)

3. Placer une grille au centre du four. Préchauffer le four à 450 ° F. Beurrer une grande plaque à pâtisserie.

Quatre. Dans une assiette, mélanger la chapelure, le fromage, l'origan, l'huile d'olive, le jus de citron, sel et poivre selon votre goût.

5. À l'aide de gros ciseaux de cuisine, coupez le poulet en portions. Trempez le poulet dans la chapelure en tapotant pour qu'il adhère. Placez le poulet dans le plat de cuisson préparé.

6. Cuire au four pendant 30 minutes ou jusqu'à ce que le fond soit doré et croustillant. Servez chaud ou à température ambiante.

poulet sous une brique

Poulet Matone

Donne 2 portions

Grillé sous un poids, le poulet aplati est croustillant à l'extérieur et juteux à l'intérieur. En Toscane, vous pouvez acheter un disque spécial en terre cuite épaisse qui aplatit le poulet et le maintient uniformément contre la surface de la poêle. J'utilise une lourde poêle en fonte recouverte de papier d'aluminium comme poids, mais des briques ordinaires enveloppées dans du papier d'aluminium feront également l'affaire. Pour cette recette il est important d'utiliser un tout petit poulet voire une poule de Cornouailles ; sinon, l'extérieur séchera avant que la viande ne soit cuite près de l'os.

1 petit poulet (environ 3 livres)

Sel et poivre noir fraîchement moulu

⅓ tasse d'huile d'olive

1 citron coupé en tranches

1. Séchez le poulet. À l'aide d'un grand couteau de chef ou de cisailles à volaille, divisez le poulet le long de la colonne vertébrale. Sur une planche à découper, ouvrez le plat de poulet

comme un livre. Coupez la quille qui sépare la mère. Retirez les extrémités des ailes et la deuxième section d'aile au niveau de l'articulation. Aplatissez le poulet en tapotant doucement avec un maillet en caoutchouc ou un autre objet lourd. Assaisonner généreusement les deux côtés avec du sel et du poivre.

deuxChoisissez une poêle qui maintient le poulet de niveau et lesté. Choisissez une deuxième poêle ou une poêle épaisse qui peut appuyer uniformément sur le poulet. Tapisser le fond de papier d'aluminium, replier les bords du papier d'aluminium sur l'intérieur du moule pour le fixer. Si le poids le nécessite, remplissez le moule recouvert de papier d'aluminium avec des briques.

3.Versez l'huile dans une poêle et faites-la chauffer à feu moyen. Placez le poulet côté peau vers le bas. Placez le poids dessus. Cuire au four jusqu'à ce que la peau soit dorée, 12 à 15 minutes.

Quatre. Glissez une fine spatule sous le poulet pour le détacher de la poêle. Retournez délicatement le poulet, peau vers le haut. Déplacez le poids et faites cuire le poulet jusqu'à ce que le jus soit clair lorsqu'il est percé dans la cuisse, environ 12 minutes de plus. Servir chaud avec des quartiers de citron.

Salade de poulet au citron

Insalata di Pollo al Limone

Donne 6 portions

Un jour d'été très chaud, alors que j'étais à Bordighera, en Ligurie, près de la frontière française, je me suis arrêté dans un café pour déjeuner et échapper au soleil. Le serveur m'a recommandé cette salade de poulet fraîchement préparée, qui m'a rappelé une salade niçoise que j'ai mangée il y a quelques jours en France. Le thon en conserve est typique de Nice, mais cette version italienne au poulet est également bonne.

C'est une salade de poulet rapide, j'ai donc utilisé de la poitrine de poulet, mais elle peut aussi être préparée avec des poulets entiers. Le poulet peut être cuit à l'avance et mariné dans la vinaigrette, mais les légumes sont plus savoureux s'ils ne sont pas réfrigérés après la cuisson. Vous pouvez les conserver à température ambiante pendant environ une heure le temps de préparer la salade.

4 mugs faits maison<u>Soupe au poulet</u>, ou un mélange de bouillon et d'eau du commerce

4 à 6 petites pommes de terre cireuses telles que Yukon Gold

8 onces de haricots verts, coupés en morceaux de 1 pouce

Sel

2 livres de poitrines de poulet désossées et sans peau, parées du gras

Bandage

1/2 tasse d'huile d'olive extra vierge

2 cuillères à soupe de jus de citron frais ou au goût

1 cuillère à soupe de câpres lavées, égouttées et hachées

1/2 cuillère à café d'origan séché, écrasé

Sel et poivre noir fraîchement moulu

2 tomates moyennes, coupées en tranches

1. Si nécessaire, préparez le bouillon. Mettez les pommes de terre dans la marmite. Ajouter de l'eau froide pour couvrir. Couvrir la casserole et porter l'eau à ébullition. Cuire jusqu'à tendreté lorsqu'on le perce avec un couteau, environ 20 minutes. Égouttez les pommes de terre et laissez-les refroidir légèrement. Retirez les peaux.

deux Porter une casserole moyenne d'eau à ébullition. Ajouter les haricots verts et le sel au goût. Cuire jusqu'à ce que les haricots soient tendres, environ 10 minutes. Égouttez les haricots et laissez-les refroidir sous l'eau courante. Séchez les haricots.

3. Portez le bouillon (s'il n'est pas fraîchement préparé) à ébullition dans une grande casserole. Ajouter la poitrine de poulet et couvrir la poêle. Cuire au four, en retournant une fois, pendant 15 minutes ou jusqu'à ce que le poulet soit tendre et que le jus soit clair lorsqu'on le pique avec une fourchette. Égoutter la poitrine de poulet en réservant le bouillon pour une autre utilisation. Tranchez le poulet en travers et placez-le dans un bol moyen.

Quatre. Dans un petit bol, mélanger les ingrédients de la sauce. Versez la moitié de la sauce sur le poulet. Bien mélanger les morceaux pour les enrober. Goûtez et rectifiez l'assaisonnement. Placez le poulet au centre d'un grand bol. Couvrir et réfrigérer jusqu'à 2 heures.

5. Disposez les haricots verts, les pommes de terre et les tomates autour du poulet. Arrosez du reste de sauce et servez aussitôt.

Salade de poulet aux deux poivrons

Salade de poulet au poivre

Donne 8 à 10 portions

Les piments cerises rôtis et marinés ajoutent de l'intérêt à cette salade. Si les poivrons cerises ne sont pas disponibles, remplacez-les par un autre poivron mariné comme le jalapeno ou le pepperoncino. Les pots de poivrons rôtis sont pratiques si vous n'avez pas le temps de préparer les vôtres. Cette recette fait beaucoup de poulet, elle est donc parfaite pour une fête. La recette peut facilement être réduite de moitié si vous le souhaitez.

2 petits poulets (environ 3 livres chacun)

2 carottes

2 branches de céleri

1 oignon

quelques brins de persil

Sel

6 grains de poivre noir

6 clochettes rouges ou jaunes <u>poivrons frits</u>, peler et couper en fines lanières

Dép.

¹1/2 tasse d'huile d'olive

3 cuillères à soupe de vinaigre de vin

¹1/4 tasse de persil frais haché

2 cuillères à soupe de piments cerises marinés finement hachés ou au goût

1 gousse d'ail hachée finement

4 à 6 tasses de mesclun

1. Placez les poulets dans une grande casserole et couvrez d'eau froide pour couvrir. Portez le liquide à ébullition et laissez cuire 10 minutes. Écumez avec une cuillère et jetez toute mousse qui remonte à la surface.

deux Ajouter les carottes, le céleri, l'oignon, le persil et le sel au goût. Cuire à feu moyen-doux jusqu'à ce que le poulet soit tendre et que le jus soit clair, environ 45 minutes.

3. Pendant ce temps, faites rôtir les poivrons si nécessaire. Lorsque le poulet est cuit, retirez-le de la cocotte. Réservez le stock pour une autre utilisation.

Quatre. Laissez le poulet s'égoutter et refroidir. Retirez la viande. Coupez la viande en morceaux de 2 pouces et placez-la dans le bol avec les poivrons rôtis.

5. Dans un bol moyen, mélanger les ingrédients de la sauce. Versez la moitié de la sauce sur le poulet et les poivrons et mélangez bien. Couvrir et réfrigérer jusqu'à 2 heures.

6. Badigeonner le poulet du reste de sauce avant de servir. Goûtez et rectifiez l'assaisonnement en ajoutant du vinaigre si nécessaire. Disposez les légumes dans une assiette de service. Garnir de poulet et de poivrons. Sers immédiatement.

Salade de poulet à la piémontaise

Salade de poulet piémontaise

Donne 6 portions

Dans le Piémont, les repas au restaurant commencent souvent par une longue série d'antipasti. C'est ainsi que j'ai dégusté cette salade pour la première fois au restaurant régional classique "Belvédère". J'aime le servir comme plat principal au déjeuner au printemps ou en été.

Pour un repas rapide, préparez cette salade avec du poulet rôti du commerce au lieu du poulet frit. La dinde rôtie fonctionnerait également.

1 poulet (3 1/2-4 livres)

2 carottes

2 branches de céleri

1 oignon

quelques brins de persil

Sel

6 grains de poivre noir

8 onces de cèpes, tranchés finement

2 branches de céleri, tranchées finement

1/4 tasse d'huile d'olive

1 boîte (2 onces) de filets d'anchois, égouttés et hachés

1 cuillère à café de moutarde de Dijon

2 cuillères à soupe de jus de citron fraîchement pressé

Sel et poivre noir fraîchement moulu

Environ 6 tasses de salade verte, coupées en petits morceaux

Un petit morceau de Parmigiano-Reggiano

1. Placez le poulet dans une grande casserole et ajoutez de l'eau froide pour couvrir. Portez le liquide à ébullition et laissez cuire 10 minutes. Écumez toute mousse qui monte à la surface avec une grande cuillère.

deux Ajouter les carottes, le céleri, l'oignon, le persil et le sel au goût. Cuire à feu moyen-doux jusqu'à ce que le poulet soit tendre et que le jus soit clair, environ 45 minutes. Retirez le poulet de la marmite. Réservez le stock pour une autre utilisation.

3. Laissez le poulet s'égoutter et refroidir légèrement. Retirez la viande de la peau et des os. Coupez la viande en morceaux de 2 pouces.

Quatre. Dans un grand bol, mélanger les morceaux de poulet, les champignons et le céleri émincé.

5. Dans un bol moyen, mélanger l'huile, les anchois, la moutarde, le jus de citron, le sel et le poivre au goût. Versez le mélange de sauce sur le poulet. Répartir la salade verte sur une assiette et garnir du mélange de poulet.

6. Utilisez un éplucheur de légumes rotatif pour raser le Parmigiano-Reggiano sur la salade. Sers immédiatement.

Poitrine de dinde farcie roulée

Rouleau de Tacchino

Donne 6 portions

Les moitiés de poitrine de dinde sont faciles à trouver dans la plupart des supermarchés. Dans ce plat d'Émilie-Romagne, une fois la poitrine de dinde écorchée et aplatie, la viande est enveloppée et cuite dans la peau pour la garder humide. Servir le steak chaud ou froid. C'est aussi une bonne entrée servie avec une mayonnaise au citron.

1/2 poitrine de dinde (environ 2 1/2 livres)

1 gousse d'ail hachée finement

1 cuillère à soupe de romarin frais moulu

Sel et poivre noir fraîchement moulu

2 onces de prosciutto italien importé, tranché finement

2 cuillères à soupe d'huile d'olive

1. Placer une grille au centre du four. Préchauffer le four à 350 ° F. Beurrer un petit plat allant au four.

deuxÀ l'aide d'un couteau bien aiguisé, retirez la peau de la dinde en un seul morceau. Mettez-le de côté. Coupez la poitrine de dinde de l'os. Placez le sternum vers le haut sur une planche à découper. En commençant par un côté long, coupez la poitrine de dinde en deux dans le sens de la longueur, en vous arrêtant juste avant l'autre côté long. Ouvrez la poitrine de dinde comme un livre. Aplatissez la dinde avec un maillet à viande jusqu'à environ 1/2 pouce d'épaisseur.

3. Saupoudrer la dinde d'ail, de romarin, de sel et de poivre au goût. Garnir de prosciutto. En commençant par l'un des bords longs, roulez la viande en cylindre. Placez la peau de dinde sur le rouleau. Attachez le rouleau avec de la ficelle de cuisine à intervalles de 2 pouces. Placez le rouleau côté couture vers le bas dans le moule préparé. Arroser d'huile et saupoudrer de sel et de poivre.

Quatre. Rôtir la dinde pendant 50 à 60 minutes ou jusqu'à ce que la température interne de la viande atteigne 155 °F sur un thermomètre à lecture instantanée. Laisser reposer 15 minutes avant de trancher. Servez chaud ou à température ambiante.

Dinde rôtie cuite

Polpettone di Tacchino

Donne 6 portions

En Italie, la dinde est souvent coupée en morceaux ou hachée plutôt que rôtie entière. Ce pain du Piémont est cuit, sa texture ressemble donc davantage à un pâté.

Ce pain se sert chaud ou froid. Servir avec<u>Sauce verte</u>, ou sauce tomate fraîche.

4-5 tranches de pain italien, croûte retirée et coupée en morceaux (environ 1 tasse)

1/2 tasse de lait

2 cuillères à soupe de persil frais haché

1 grosse gousse d'ail

4 onces de pancetta, râpée

1/2 tasse de Parmigiano-Reggiano fraîchement râpé

Sel et poivre noir fraîchement moulu

1 livre de dinde hachée

2 gros œufs

¼ tasse de pistaches, décortiquées et hachées grossièrement

1. Faire tremper le pain dans le lait froid pendant 5 minutes ou jusqu'à ce qu'il soit tendre. Pressez doucement le pain et placez-le dans un robot culinaire équipé de lames en acier. Jetez le lait.

deux Ajouter le persil, l'ail, la pancetta, le fromage, le sel et le poivre au goût. Mélanger jusqu'à ce qu'il soit finement haché. Ajouter la dinde et les œufs et mélanger jusqu'à consistance lisse. Ajoutez les pistaches avec une spatule.

3. Placez un morceau de gaze humidifiée de 14 x 12 pouces sur une surface plane. Formez le mélange de dinde en un pain de 8 x 3 pouces et placez-le sur le torchon. Enveloppez la dinde dans un linge et enveloppez-la complètement. À l'aide de ficelle de cuisine, attachez le pain à intervalles de 2 pouces comme si vous attachiez un steak.

Quatre. Remplissez une grande casserole de 3 litres d'eau froide. Faire bouillir le liquide.

5. Ajouter le pain et cuire au four, partiellement couvert, pendant 45 minutes ou jusqu'à ce que le jus soit clair lorsqu'on le pique avec une fourchette.

6. Retirez le pain du liquide et laissez-le refroidir 10 minutes. Déballez et tranchez pour servir.

Rouleaux de dinde à la sauce tomate au vin rouge

Rollatini à la sauce au vin rosé

Donne 4 portions

Lorsque je me suis marié pour la première fois, une voisine m'a offert cette recette de la région des Pouilles de sa famille. Je le mange depuis des années et même si elle a utilisé des côtelettes de veau, je préfère le faire avec de la dinde. Les petits pains peuvent être préparés à l'avance et conservés au réfrigérateur. Après un jour ou deux, ils se réchauffent bien.

4 onces de bœuf haché ou de dinde

2 onces de pancetta, finement hachée

1 1/4 tasse de persil frais haché

1 petite gousse d'ail, hachée finement

1/4 verre de chapelure sèche

Sel et poivre noir fraîchement moulu

1 1/4 livres d'escalopes de dinde tranchées finement, coupées en 12 morceaux

2 cuillères à soupe d'huile d'olive

¹1/2 tasse de vin rouge sec

2 tasses de tomates fraîches, pelées, épépinées et hachées, ou de tomates en conserve, égouttées et hachées

une pincée de poivron rouge moulu

1. Dans un grand bol, mélanger le bœuf, la pancetta, le persil, l'ail, la chapelure, ainsi que le sel et le poivre au goût. Façonnez le mélange en 12 petites saucisses d'environ 3 pouces de long. Placez la saucisse au bout de l'escalope de dinde. Rouler la viande pour recouvrir la saucisse. Utilisez un cure-dent pour enfoncer le rouleau au centre parallèlement au rouleau. Répétez avec le reste des saucisses et des boulettes de viande.

deux Faites chauffer l'huile d'olive dans une poêle moyenne à feu moyen. Ajouter les rouleaux et faire revenir de tous les côtés pendant environ 10 minutes. Ajouter le vin et porter à ébullition. Cuire 1 minute en retournant les petits pains.

3. Ajouter les tomates, le sel au goût et une pincée de poivron rouge moulu. Réduire le feu à doux. Couvrir partiellement la poêle. Cuire, en ajoutant un peu d'eau tiède si nécessaire pour éviter que la sauce ne se dessèche trop, pendant 20 minutes ou

jusqu'à ce que les petits pains soient tendres lorsqu'on les pique avec une fourchette.

Quatre. Transférer les petits pains dans une assiette. Retirez les cure-dents et versez la sauce dessus. Servir chaud.

Magret de canard aux figues aigre-douce

Petto di Anatra avec Agrodolce di Fichi

Donne 4 portions

Cette recette contemporaine de magrets de canard braisés du Piémont aux figues et vinaigre balsamique est parfaite pour un dîner spécial. Le magret de canard est meilleur lorsqu'il est cuit à feu moyen tandis que la partie la plus épaisse est encore rose. Servir avec des épinards beurrés et un gratin de pommes de terre.

2 magrets de canard désossés (environ 2 livres chacun)

Sel et poivre noir fraîchement moulu

8 figues vertes ou noires fraîches et mûres ou figues séchées

1 cuillère à soupe de sucre

1/4 tasse de vinaigre balsamique vieilli

1 cuillère à soupe de beurre non salé

1 cuillère à soupe de persil frais haché

1. Sortez le magret de canard du réfrigérateur 30 minutes avant la cuisson. Lavez le magret de canard et séchez-le. Réalisez 2 ou 3

coupes en diagonale dans la peau des magrets de canard sans couper la viande. Saupoudrer généreusement de sel et de poivre.

deuxPendant ce temps, coupez les figues fraîches en deux ou en quatre si elles sont grosses. Si vous utilisez des figues séchées, faites-les tremper dans de l'eau tiède jusqu'à ce qu'elles soient tendres, 15 à 30 minutes. Égoutter puis couper en quartiers.

3.Placer une grille au centre du four. Préchauffer le four à 350 ° F. Préparez une petite plaque à pâtisserie.

Quatre. Chauffer une grande poêle antiadhésive à feu moyen-vif. Disposez le magret de canard côté peau vers le bas. Cuire le canard, sans le retourner, jusqu'à ce que la peau soit bien dorée, 4 à 5 minutes.

5.Beurrer une plaque à pâtisserie avec un peu de graisse de canard. Placer les magrets de canard, peau vers le haut, dans la poêle et faire griller pendant 5 à 6 minutes, ou jusqu'à ce que la viande soit rose lorsqu'elle est coupée la plus épaisse.

6.Pendant que le canard est au four, égouttez la graisse de la poêle, mais ne la nettoyez pas. Ajouter les figues, le sucre et le vinaigre balsamique. Cuire en remuant la poêle jusqu'à ce que le liquide épaississe légèrement, environ 2 minutes. Retirer du feu et ajouter le beurre.

7. Lorsque vous êtes prêt, placez le magret de canard sur une planche à découper. Coupez la poitrine en tranches de 3/4 pouces en diagonale. Disposer les tranches sur 4 assiettes de service chaudes. Versez la sauce aux figues. Saupoudrer de persil et servir aussitôt.

Canard rôti aux épices

Anatra à Spezie

Donne 2 à 4 portions

Dans le Piémont, les canards sauvages sont mijotés avec du vin rouge, du vinaigre et des épices. Les canards laqués domestiques vendus aux États-Unis étant très gras, j'ai adapté cette recette pour le rôtir. Il n'y a pas beaucoup de viande sur le canard, alors attendez-vous à n'en manger que deux grandes ou quatre petites portions. Les cisailles à volaille sont idéales pour couper le canard en portions.

1 canard (environ 5 livres)

2 gousses d'ail hachées

2 oignons moyens, tranchés finement

1 cuillère à soupe de romarin frais moulu

3 clous de girofle entiers

1/2 cuillère à café de cannelle moulue

1/4 tasse de vin rouge sec

2 cuillères à soupe de vinaigre de vin rouge

1. Piquez la peau partout avec une fourchette pour libérer le gras pendant la friture. Assurez-vous de ne percer que la surface de la peau et de ne pas percer la chair.

deux Dans un bol moyen, mélanger l'ail, l'oignon, le romarin, les clous de girofle et la cannelle. Étalez environ un tiers du mélange dans un plat allant au four moyen. Placez le canard dans la poêle et ajoutez un peu du mélange. Versez le reste du mélange sur le canard. Couvrir et réfrigérer toute la nuit.

3. Placer une grille au centre du four. Préchauffer le four à 325° F. Retirer les ingrédients de la marinade du canard et les placer dans la poêle. Faites cuire le magret de canard pendant 30 minutes.

Quatre. Retournez le magret de canard et ajoutez le vin et le vinaigre. Cuire au four pendant 1 heure en arrosant toutes les 15 minutes avec le liquide de la poêle. Augmentez la température du four à 400°F. Rôtir pendant 30 minutes supplémentaires, ou jusqu'à ce que le canard soit bien doré et que la cuisse enregistre 175°F sur un thermomètre à lecture instantanée.

5. Transférez le canard sur une planche à découper. Couvrir de papier d'aluminium et laisser reposer 15 minutes. Filtrez le jus

de cuisson et retirez le gras avec une cuillère. Réchauffer le jus de cuisson si nécessaire.

6. Coupez le canard en morceaux et servez chaud avec le jus.

Caille à la poêle avec du porc

Quaglie à Tegame avec Funghi Porcini

Donne 4 à 8 portions

À Buttrio, Frioul-Vénétie Julienne, mon mari et moi avons mangé à la Trattoria Al Parco, un restaurant ouvert depuis les années 1920. Le cœur du restaurant est le fogolar, une immense cheminée typique des habitations de la région. Les habitants du Frioul racontent souvent avec tendresse leurs souvenirs d'enfance des nuits passées autour du fogolar, à cuisiner et à raconter des histoires. Le fogolar d'Al Parco est allumé tous les soirs et utilisé pour rôtir de la viande et des champignons. Le soir de notre séjour, la spécialité était les oisillons dans une riche sauce aux champignons.

1 once de cèpes séchés (environ 3/4 tasse)

2 tasses d'eau chaude

8 cailles préparées comme indiqué à droite

8 feuilles de sauge

4 tranches de bacon

Sel et poivre noir fraîchement moulu

2 cuillères à soupe de beurre non salé

1 cuillère à soupe d'huile d'olive

1 petit oignon finement haché

1 carotte finement hachée

1 jeune céleri, finement haché

¹1/2 tasse de vin blanc sec

2 cuillères à café de concentré de tomate

1. Faire tremper les champignons dans l'eau pendant au moins 30 minutes. Retirez les champignons de l'eau en laissant le liquide. Rincez les champignons sous l'eau courante froide, en accordant une attention particulière aux extrémités des tiges où la terre s'accumule. Filtrez le liquide de champignons réservé à travers une serviette en tissu ou un filtre à café en papier dans un bol. Coupez les champignons en gros morceaux. Reporter.

deux Lavez les cailles à l'intérieur et à l'extérieur et séchez-les bien. Vérifiez-les pour les plumes et retirez-les. A l'intérieur, ajoutez un morceau de pancetta, une feuille de sauge et une pincée de sel et de poivre.

3. Chauffer le beurre et l'huile dans une grande poêle à feu moyen. Ajouter les cailles et cuire, en les retournant de temps en temps, jusqu'à ce qu'elles soient bien dorées de tous les côtés, environ 15 minutes. Transférer les cailles dans une assiette. Ajouter l'oignon, la carotte et le céleri dans la poêle. Cuire, en remuant souvent, pendant 5 minutes ou jusqu'à tendreté.

Quatre. Ajoutez le vin et laissez cuire 1 minute. Ajouter les champignons, le concentré de tomates et le liquide de champignons. Remettez les cailles dans la poêle. Saupoudrez de sel et de poivre.

5. Faire bouillir le liquide. Réduire le feu à doux. Couvrir et cuire, en retournant et en arrosant les cailles de temps en temps, pendant environ 1 heure ou jusqu'à ce que les oiseaux soient très tendres lorsqu'on les pique avec une fourchette.

6. S'il y a trop de liquide dans la poêle, déposez les cailles dans une assiette de service et couvrez-les de papier d'aluminium pour les garder au chaud. Augmentez le feu à vif et faites cuire le liquide jusqu'à réduction. Versez la sauce sur les cailles et servez aussitôt.

caille grillée

Qualie alla Griglia

Pour 2 à 4 personnes

Le restaurant La Badia à Orvieto est spécialisé dans les viandes poêlées au feu de bois. Saucisses, oisillons et gros steaks tournent lentement sur la flamme, remplissant le restaurant de délicieux arômes. Ces cailles grillées ou poêlées sont inspirées de celles que j'ai mangées en Ombrie. Les oiseaux sont croustillants à l'extérieur et juteux à l'intérieur.

4 cailles, décongelées si congelées

1 grosse gousse d'ail, hachée finement

1 cuillère à soupe de romarin frais moulu

1 1/4 tasse d'huile d'olive

Sel et poivre noir fraîchement moulu

1 citron coupé en tranches

1. Lavez les cailles à l'intérieur et à l'extérieur et séchez-les bien. Vérifiez-les pour les plumes et retirez-les. À l'aide de ciseaux à volaille, coupez les cailles en deux sur le dos et le sternum.

Écrasez délicatement les moitiés de caille avec un maillet à viande ou un maillet en caoutchouc pour les aplatir légèrement.

deuxDans un grand bol, mélanger l'ail, le romarin, l'huile, le sel et le poivre au goût. Placer les cailles dans un bol, remuer pour couvrir. Couvrir et réfrigérer de 1 heure à toute la nuit.

3.Placez le barbecue ou le grill à environ 5 pouces de la source de chaleur. Préchauffer le gril ou le gril.

Quatre. Griller ou griller les moitiés de cailles jusqu'à ce qu'elles soient bien dorées des deux côtés, environ 10 minutes. Servir chaud avec des quartiers de citron.

Caille aux tomates et romarin

Quaglie en sauce

Donne 4 à 8 portions

Située au sud de l'Italie, sur la côte Adriatique, le Molise est l'une des régions les moins connues du pays. Elle est principalement agricole, avec peu de tourisme et, jusque dans les années 1960, elle faisait partie de la région combinée des Abruzzes et du Molise. Mon mari et moi sommes allés visiter Majo di Norante, un domaine viticole et agrotouristique (une ferme en activité ou un domaine viticole qui sert également d'auberge) qui produit l'un des meilleurs vins de la région.

À la Vecchia Trattoria da Tonino de Campobasso, nous avons dégusté des cailles cuites dans une sauce tomate légère et assaisonnées de romarin. Essayez-le avec un vin Majo di Norante, comme le sangiovese.

1 petit oignon haché

2 onces de pancetta, hachée

2 cuillères à soupe d'huile d'olive

8 cailles fraîches ou décongelées surgelées

1 cuillère à soupe de romarin frais moulu

Sel et poivre noir fraîchement moulu

3 cuillères à soupe de concentré de tomate

1 tasse de vin blanc sec

1. Dans une grande poêle avec un couvercle hermétique, cuire l'oignon et la pancetta dans l'huile d'olive à feu moyen jusqu'à ce que l'oignon soit doré, environ 10 minutes. Poussez les ingrédients sur les côtés de la poêle.

deux Lavez les cailles à l'intérieur et à l'extérieur et séchez-les bien. Vérifiez-les pour les plumes et retirez-les. Placer les cailles dans la poêle et cuire sur toutes les faces pendant environ 15 minutes. Saupoudrer de romarin, de sel et de poivre au goût.

3. Dans un petit bol, mélanger la pâte de tomate et le vin. Versez le mélange sur les cailles et mélangez bien. Réduire le feu à doux. Couvrir et cuire, en retournant les cailles de temps en temps, pendant environ 50 minutes ou jusqu'à ce qu'elles soient très tendres lorsqu'on les pique avec une fourchette. Servir chaud.

Caille mijotée

Quaglie Stufate

Donne 4 portions

Gianni Cosetti est le chef et propriétaire du restaurant Roma à Tolmezzo, dans la région montagneuse des Carniens du Frioul-Vénétie Julienne. Il est célèbre pour ses interprétations modernes de recettes traditionnelles et d'ingrédients locaux. Lorsque j'y ai mangé, il m'a raconté que cette recette est traditionnellement préparée à partir de cocas, petit gibier à plumes capturé lors de son passage dans la région lors de sa migration annuelle. Aujourd'hui, Gianni n'utilise que du gibier à plume frais et les enveloppe dans une veste de pancetta pour les garder humides et tendres pendant la torréfaction. Il a recommandé de les servir avec du schioppetino, un vin rouge du Frioul.

8 cailles

16 baies de genièvre

Environ 16 feuilles de sauge fraîche

4 gousses d'ail, hachées finement

Sel et poivre noir fraîchement moulu

8 fines tranches de pancetta

2 cuillères à soupe de beurre non salé

2 cuillères à soupe d'huile d'olive

1 tasse de vin blanc sec

1. Lavez les cailles à l'intérieur et à l'extérieur et séchez-les bien. Vérifiez-les pour les plumes et retirez-les. Farcir chaque caille de 2 baies de genièvre, d'une feuille de sauge et de quelques gousses d'ail. Assaisonnez les oiseaux avec du sel et du poivre. Déposez une feuille de sauge sur chaque caille. Étalez la pancetta et enroulez une tranche autour de chaque caille. Attachez un morceau de ficelle de cuisine autour de la pancetta pour la maintenir en place.

deux Dans une grande poêle avec un couvercle hermétique, faire fondre le beurre avec l'huile à feu moyen. Ajoutez les cailles et saisissez les oiseaux sur toutes les faces pendant environ 15 minutes.

3. Ajouter le vin et porter à ébullition. Couvrir la poêle, réduire le feu et cuire en retournant et en arrosant les cailles plusieurs fois, pendant 45 à 50 minutes, ou jusqu'à ce que les cailles soient très

tendres. Si la poêle est trop sèche, ajoutez un peu d'eau. Servir chaud.

Steak grillé à la florentine

Steak florentin

Donne 6 à 8 portions

La viande bovine de la plus haute qualité en Italie provient d'une grande race de bovins d'un blanc pur connue sous le nom de Chianina. Nommée d'après la vallée de Chiana en Toscane, cette race est considérée comme l'une des plus anciennes races de bovins domestiques. Ils étaient à l'origine élevés comme animaux de trait et élevés pour être très grands et dociles. Alors que les machines ont pris le relais dans les fermes modernes, les bovins Chianina sont désormais élevés pour leur viande de haute qualité.

Les steaks Porterhouse, qui sont des longes courtes et des longes séparées par une section transversale en T, sont découpés dans du bœuf Chianina et cuits de cette façon en Toscane. Bien que le bœuf Chianina ne soit pas disponible aux États-Unis, vous pouvez toujours obtenir de délicieux steaks avec cette recette. Achetez de la viande de la meilleure qualité.

2 steaks de portier, 1 1/2 pouce d'épaisseur (environ 2 livres chacun)

Sel et poivre noir fraîchement moulu

Huile d'olive vierge extra

Tranches de citrons

1.Placez le barbecue ou le grill à environ 4 pouces de la source de chaleur. Préchauffer le gril ou le gril.

deuxSaupoudrer le filet de sel et de poivre. Griller la viande pendant 4 à 5 minutes. Retourner la viande avec des pinces et cuire encore 4 minutes jusqu'à ce qu'elle soit saignante, ou 5 à 6 minutes jusqu'à ce qu'elle soit saignante, selon l'épaisseur des steaks. Pour vérifier s'il est cuit, faites une petite entaille dans la partie la plus épaisse. Pour cuire plus longtemps, déplacez le filet vers une partie plus froide du gril.

3.Laissez les filets reposer 5 minutes avant de les couper en fines tranches transversalement. Saupoudrez plus de sel et de poivre. Vaporiser d'huile. Servir chaud avec des quartiers de citron.

Steak glacé au balsamique

Rôti balsamique

Donne 6 portions

La bavette maigre et désossée est délicieuse lorsqu'elle est arrosée de vinaigre balsamique et d'huile d'olive avant de la griller ou de la cuire au four. Le vinaigre balsamique contient des sucres naturels, donc brosser la viande avant de la griller, de la griller ou de la griller crée une belle croûte brune qui absorbe les jus de la viande et lui donne une saveur douce. Utilisez le meilleur vinaigre balsamique que vous puissiez trouver.

2 cuillères à soupe d'huile d'olive extra vierge et un peu plus pour arroser

2 cuillères à soupe de vinaigre balsamique

1 gousse d'ail hachée finement

1 bavette, environ 1 1/2 lb

Sel et poivre noir fraîchement moulu

1. Dans un plat peu profond suffisamment grand pour contenir le steak, mélanger l'huile, le vinaigre et l'ail. Ajouter le steak en le

retournant pour l'enrober de marinade. Couvrir et réfrigérer jusqu'à 1 heure, en retournant le steak de temps en temps.

deuxPlacez le barbecue ou le grill à environ 4 pouces de la source de chaleur. Préchauffer le gril ou le gril. Retirez le steak de la marinade et séchez-le. Griller ou griller le steak pendant 3 à 4 minutes. Retourner la viande avec des pinces et cuire encore 3 minutes jusqu'à ce qu'elle soit saignante, ou encore 4 minutes jusqu'à ce qu'elle soit saignante, selon l'épaisseur du steak. Pour vérifier s'il est cuit, faites une petite entaille dans la partie la plus épaisse. Pour un temps de cuisson plus long, déplacez le rôti vers une partie plus froide du gril.

3.Saupoudrer le filet de sel et de poivre. Laisser reposer 5 minutes avant de trancher la viande dans le sens du grain en fines tranches. Arroser d'un peu d'huile d'olive extra vierge.

Filet de coquille aux échalotes, lardons et vin rouge

Steak au vin rouge

Donne 4 portions

Les steaks tendres et croustillants tirent leur saveur de la pancetta, des échalotes et du vin rouge.

2 cuillères à soupe de beurre non salé

1 tranche épaisse de pancetta (environ 1 once), finement hachée

2 steaks désossés, d'environ 1 pouce d'épaisseur

Sel et poivre noir fraîchement moulu

1/4 tasse d'échalotes hachées

1/2 tasse de vin rouge sec

1/2 tasse maison Bouillon de viande ou bouillon de boeuf du commerce

2 cuillères à soupe de vinaigre balsamique

1. Préchauffer le four à 200° F. Faire fondre 1 cuillère à soupe de beurre dans une grande poêle à feu moyen. Ajoutez le bacon.

Cuire jusqu'à ce que la pancetta soit dorée, environ 5 minutes. Retirez la pancetta avec une écumoire et égouttez le gras.

deuxSéchez le filet. Dans la même poêle, faire fondre la cuillère à soupe de beurre restante à feu moyen. Lorsque la mousse de beurre s'est calmée, ajoutez les filets dans la poêle et faites cuire jusqu'à ce qu'ils soient bien dorés, 4 à 5 minutes. Saupoudrez de sel et de poivre. Retournez la viande avec des pinces et faites cuire 4 minutes de l'autre côté (saignant) ou 5 à 6 minutes pour une saignante. Pour vérifier s'il est cuit, faites une petite entaille dans la partie la plus épaisse. Transférer les filets dans une assiette résistante à la chaleur et réserver au chaud au four.

3.Ajoutez les échalotes dans la poêle et faites sauter pendant 1 minute. Ajoutez le vin, le bouillon et le vinaigre balsamique. Porter à ébullition et cuire jusqu'à ce que le liquide soit épais et sirupeux, environ 3 minutes.

Quatre. Ajoutez la pancetta au jus de cuisson. Versez la sauce sur les filets et servez aussitôt.

Steak tranché à la roquette

Straccetti di Manzo

Donne 4 portions

Straccetti signifie « petits chiffons », auxquels ressemblent ces étroites lanières de viande. Avant de préparer ce plat, placez la viande au congélateur jusqu'à ce qu'elle soit suffisamment ferme pour pouvoir être tranchée finement. Préparez tous les ingrédients, mais n'ajoutez pas la salade juste avant de cuire la viande.

2 bottes de roquette

4 cuillères à soupe d'huile d'olive extra vierge

1 cuillère à soupe de vinaigre balsamique

1 cuillère à soupe d'échalotes émincées

Sel et poivre noir fraîchement moulu

1 1/4 lb de longe maigre désossée ou autre steak tendre

1 cuillère à café de romarin frais haché

1. Coupez la roquette en jetant les tiges et les feuilles meurtries. Lavez-les avec plusieurs changements d'eau froide. Séchez très bien. Coupez la roquette en petits morceaux.

deux Dans un grand bol, mélanger 2 cuillères à soupe d'huile, le vinaigre, les échalotes, le sel et le poivre au goût.

3. À l'aide d'un couteau d'office bien aiguisé, coupez le filet sur la largeur en tranches très fines. Chauffer une grande poêle épaisse à feu moyen. Lorsqu'elle est très chaude, ajoutez les 2 cuillères à soupe d'huile d'olive restantes. Disposez les tranches de bœuf dans la poêle en une seule couche, par lots si nécessaire, et faites cuire jusqu'à ce qu'elles soient dorées, environ 2 minutes. Retournez la viande avec des pinces et saupoudrez de sel et de poivre. Cuire jusqu'à ce qu'il soit très légèrement doré, environ 1 minute, légèrement.

Quatre. Mélangez la roquette avec la vinaigrette et placez-la dans un bol. Disposez les tranches de veau sur la roquette et saupoudrez de romarin. Sers immédiatement.

Steaks de surlonge au gorgonzola

Filet de Manzo au Gorgonzola

Donne 4 portions

Les steaks de surlonge ont une saveur douce, mais cette somptueuse sauce leur donne beaucoup de caractère. Demandez au boucher de couper les filets sur une épaisseur maximale de 1 1⁄4 pouce pour faciliter la cuisson et attachez chaque filet avec de la ficelle de cuisine pour conserver sa forme. Assurez-vous de mesurer et d'aligner tous les ingrédients avant de commencer la cuisson car cela passe si vite.

4 steaks de filet de bœuf d'environ 1 pouce d'épaisseur

Huile d'olive vierge extra

Sel et poivre noir fraîchement moulu

3 cuillères à soupe de beurre non salé

1 petite échalote, hachée finement

1/4 tasse de vin blanc sec

1 cuillère à soupe de moutarde de Dijon

Environ 4 onces de fromage gorgonzola, croûte retirée et coupée en morceaux

1. Frotter le filet avec de l'huile d'olive et saupoudrer de sel et de poivre. Couvrir et réfrigérer. Sortez les filets du réfrigérateur environ 1 heure avant la cuisson.

deux Préchauffer le four à 200° F. Faire fondre 2 cuillères à soupe de beurre dans une grande poêle à feu moyen. Lorsque la mousse de beurre diminue, séchez le filet. Ajoutez-les à la poêle et faites cuire jusqu'à ce qu'ils soient bien dorés, 4 à 5 minutes. Retourner la viande avec des pinces et cuire de l'autre côté, 4 minutes pour une viande saignante ou 5 à 6 minutes pour une viande mi-saignante. Pour vérifier s'il est cuit, faites une petite entaille dans la partie la plus épaisse. Transférer les filets dans une assiette résistante à la chaleur et réserver au chaud au four.

3. Ajouter les échalotes dans la poêle et cuire 1 minute en remuant. Ajoutez le vin et la moutarde. Réduisez le feu et ajoutez le gorgonzola. Ajoutez tous les jus qui se sont accumulés autour des steaks. Retirer du feu et ajouter 1 cuillère à soupe de beurre restante.

Quatre. Versez la sauce sur les filets et servez.

Rouleaux de viande farcis à la sauce tomate

Braciole au Pomodoro

Donne 4 portions

De fines tranches de bœuf sont parfaites pour la braciole, communément prononcée bra-zholl, un favori savoureux et cuit lentement. Recherchez de gros morceaux de viande sans beaucoup de tissu conjonctif afin qu'ils conservent bien leur forme.

La braciole peut être cuisinée en portion<u>Corne napolitaine</u>. Certains cuisiniers ajoutent des œufs durs au bracillo, tandis que d'autres ajoutent des raisins secs et des pignons de pin à la garniture principale.

4 fines tranches de bœuf désossé, environ 1 livre

3 gousses d'ail finement hachées

2 cuillères à soupe de fromage Pecorino Romano râpé

2 cuillères à soupe de persil frais haché

Sel et poivre noir fraîchement moulu

2 cuillères à soupe d'huile d'olive

1 tasse de vin rouge sec

2 tasses de tomates italiennes importées en conserve avec leur jus, passées au moulin

4 feuilles de basilic frais, coupées en petits morceaux

1. Placez la viande entre 2 morceaux de pellicule plastique et pilez-la doucement avec un maillet à viande ou un maillet en caoutchouc jusqu'à obtenir une épaisseur uniforme de 1/8 pouce. Jetez le dessus en plastique.

deuxRéservez 1 gousse d'ail émincée pour la sauce. Saupoudrer la viande du reste d'ail, de fromage, de persil, de sel et de poivre au goût. Roulez chaque morceau comme un saucisson et attachez-le comme un petit steak avec de la ficelle de cuisine en coton.

3. Faites chauffer l'huile dans une grande casserole. Ajoutez la braciole. Cuire, en retournant la viande de temps en temps, jusqu'à ce qu'elle soit dorée de tous les côtés, environ 10 minutes. Répartir le reste de l'ail autour de la viande et cuire 1 minute. Ajouter le vin et cuire à feu doux pendant 2 minutes. Ajoutez les tomates et le basilic.

Quatre. Couvrir et cuire à feu doux, en retournant de temps en temps, jusqu'à ce que la viande soit tendre lorsqu'on la pique avec une fourchette, environ 2 heures. Ajoutez un peu d'eau si la sauce devient trop épaisse. Servir chaud.

boeuf et bière

Carbonate de Bué

Donne 6 portions

Le bœuf, la bière et les oignons forment une combinaison gagnante dans ce ragoût du Haut Adige. C'est comme une côtelette de bœuf française venue de l'autre côté de la frontière.

Le veau désossé est un bon choix pour le braisage. Il est suffisamment persillé pour le garder humide pendant une longue cuisson.

4 cuillères à soupe de beurre non salé

2 cuillères à soupe d'huile d'olive

3 oignons moyens (environ 1 livre), tranchés finement

3 livres de ragoût de bœuf désossé, coupé en morceaux de 1 1/2 pouce

1/2 tasse de farine tout usage

12 onces de bière, n'importe quelle sorte

2 tasses de tomates fraîches pelées, épépinées et hachées ou de purée de tomates en conserve

Sel et poivre noir fraîchement moulu

1. Dans une grande poêle, faire fondre 2 cuillères à soupe de beurre avec 1 cuillère à soupe d'huile à feu moyen-doux. Ajouter les oignons et cuire, en remuant souvent, jusqu'à ce que les oignons soient légèrement dorés, environ 20 minutes.

deuxDans une grande casserole ou une autre casserole profonde et épaisse avec un couvercle hermétique, faire fondre le reste du beurre avec l'huile à feu moyen. Saupoudrer la moitié de la viande de farine et secouer l'excédent. Faites bien frire les morceaux de tous les côtés, environ 10 minutes. Transférer la viande dans une assiette. Répétez avec le reste de la viande.

3. Retirez le gras de la poêle. Ajouter la bière et porter à ébullition en raclant le fond de la casserole pour mélanger les morceaux bruns avec la bière. Cuire 1 minute.

Quatre. Placer une grille au centre du four. Préchauffer le four à 375° F. Remettre toute la viande dans la cocotte. Ajouter les oignons, les tomates, le sel et le poivre au goût. Faire bouillir le liquide.

5. Couvrir la cocotte et rôtir au four, en remuant de temps en temps, pendant 2 heures ou jusqu'à ce que la viande soit tendre lorsqu'on la perce avec un couteau. Servir chaud.

Ragoût de boeuf et oignons

Carbonado

Donne 6 portions

Dans le Trentin-Haut-Adige, ce ragoût au nom similaire au précédent est élaboré avec du vin rouge et des épices. Parfois, la venaison ou un autre gibier est remplacé par du bœuf. La polenta douce au beurre est un ajout classique à ce ragoût copieux, mais je l'aime aussi avec<u>Purée de chou-fleur</u>.

3 cuillères à soupe de beurre non salé

3 cuillères à soupe d'huile d'olive

2 oignons moyens, coupés en quartiers et tranchés finement

1 1/2 tasse de farine tout usage

3 livres de bœuf désossé, coupé en morceaux de 2 pouces

1 tasse de vin rouge sec

1/8 cuillère à café de cannelle moulue

1/8 cuillère à café de clous de girofle moulus

⅛ cuillère à café de muscade moulue

1 tasse de bouillon de boeuf

Sel et poivre noir fraîchement moulu

1. Faire fondre 1 cuillère à soupe de beurre avec 1 cuillère à soupe d'huile dans une grande poêle à feu moyen-doux. Ajouter les oignons et cuire, en remuant de temps en temps, jusqu'à ce qu'ils soient très tendres, environ 15 minutes.

deuxDans une grande casserole ou une autre casserole profonde et épaisse avec un couvercle hermétique, faire fondre le reste du beurre avec l'huile à feu moyen. Étalez la farine sur une feuille de papier ciré. Rouler la viande dans la farine en secouant l'excédent. Placez suffisamment de morceaux dans la poêle pour qu'ils tiennent confortablement sans encombrement. Lorsque la viande est dorée, transférez-la dans une assiette, puis faites cuire également le reste de la viande.

3. Une fois toute la viande dorée et retirée, versez le vin dans la casserole et portez à ébullition en raclant le fond de la casserole pour mélanger les morceaux dorés avec le vin. Cuire à feu doux pendant 1 minute.

Quatre. Remettez la viande dans la poêle. Ajouter les oignons, les épices et le bouillon. Assaisonnez avec du sel et du poivre. Porter à ébullition et couvrir la casserole. Cuire, en remuant de temps en temps, pendant 3 heures ou jusqu'à ce que la viande soit très tendre lorsqu'on la pique avec une fourchette. Ajoutez un peu d'eau si le liquide devient trop épais. Servir chaud.

Ragoût de bœuf au poivre frais

Donne 6 portions

Les Toscans préparent ce ragoût épicé avec des cuisses de veau ou de bœuf, mais je préfère utiliser du veau désossé. Selon Giovanni Righi Parenti, auteur de La Grande Cucina Toscana, il y a longtemps, lorsque le poivre était extrêmement cher, les cuisiniers conservaient les grains de poivre des tranches de salami jusqu'à ce qu'ils en aient assez pour faire des pepos.

Mon ami Marco Bartolini Baldelli, propriétaire de la cave Fattoria di Bagnolo, m'a dit que ce ragoût était l'un des favoris des briquetiers toscans d'Impruneta, qui le cuisaient dans leurs fours. Une bouteille de Fattoria di Bagnolo Chianti Colli Fiorentini Riserva serait l'accompagnement idéal.

2 cuillères à soupe d'huile d'olive

3 livres de bœuf, coupé en morceaux de 2 pouces

Sel et poivre noir fraîchement moulu

2 gousses d'ail finement hachées

2 tasses de vin rouge sec

1 1/2 tasses de tomates pelées, épépinées et hachées

1 cuillère à café de poivre noir fraîchement moulu ou au goût

1. Dans une grande cocotte ou une autre casserole profonde et lourde avec un couvercle hermétique, faites chauffer l'huile à feu moyen. Séchez la viande et saisissez-la de tous les côtés par lots, sans surcharger la poêle, environ 10 minutes par lot. Saupoudrez de sel et de poivre. Transférer la viande dans une assiette.

deux Ajouter l'ail à la graisse dans la poêle. Ajouter le vin rouge, le sel et le poivre au goût et les tomates. Portez à ébullition et remettez la viande dans la poêle. Ajoutez suffisamment d'eau froide pour couvrir la viande. Couvrez la marmite. Réduire le feu à doux et laisser mijoter, en remuant de temps en temps, pendant 2 heures.

3. Ajouter le vin et cuire encore 1 heure ou jusqu'à ce que la viande soit très tendre lorsqu'on la pique avec une fourchette. Goûtez et rectifiez l'assaisonnement. Servir chaud.

Ragoût de bœuf du Frioul

Manzo Squazet

Donne 6 portions

Le poulet, le veau et le canard ne sont que quelques-uns des différents types de viandes cuites à l'escazote, qui signifie « ragoût » dans le dialecte du Frioul-Vénétie Julienne.

1/2 tasse de cèpes séchés

1 tasse d'eau tiède

1/4 tasse d'huile d'olive

3 livres de bœuf, coupé en morceaux de 2 pouces

2 gros oignons, finement hachés

2 cuillères à soupe de concentré de tomate

1 tasse de vin rouge sec

2 feuilles de laurier

une pincée de clous de girofle moulus

Sel et poivre noir fraîchement moulu

2 mugs faits maison<u>Bouillon de viande</u>ou bouillon de boeuf du commerce

1. Faire tremper les champignons dans l'eau pendant 30 minutes. Retirez les champignons et réservez le liquide. Rincez les champignons sous l'eau courante froide pour éliminer le sable, en accordant une attention particulière aux extrémités des tiges où la saleté s'accumule. Coupez les champignons en gros morceaux. Filtrez le liquide des champignons à travers un filtre à café en papier dans un bol.

deuxFaites chauffer l'huile dans une grande poêle à feu moyen. Séchez la viande. Ajouter la viande et bien saisir de tous les côtés, environ 10 minutes, transférer les morceaux dans une assiette jusqu'à ce qu'ils soient dorés.

3. Ajouter les oignons dans la casserole et cuire jusqu'à ce qu'ils soient ramollis, environ 5 minutes. Ajoutez le concentré de tomate. Ajoutez le vin et portez le liquide à ébullition.

Quatre. Remettez la viande dans la poêle. Ajouter les champignons et leur liquide, les feuilles de laurier, les clous de girofle, le sel et le poivre au goût. Ajouter le bouillon. Couvrir et laisser mijoter, en remuant de temps en temps, jusqu'à ce que la viande soit tendre et que le liquide ait réduit, 2 1/2 à 3 heures. S'il y a trop de liquide, découvrez la marmite pendant les 30 dernières minutes. Retirez les feuilles de laurier. Servir chaud.

Ragoût de viande mélangée, façon chasseur

Écosse

Donne 8 à 10 portions

En Toscane, lorsque la viande était rare, divers chasseurs se réunissaient et apportaient de petits morceaux de n'importe quelle viande pour créer ce ragoût élaboré. N'importe quoi, du bœuf, du poulet, de l'agneau ou du porc au faisan, au lapin ou à la pintade, peut être ajouté ou remplacé. Plus la variété de viande est grande, plus le goût du ragoût est riche.

1/4 tasse d'huile d'olive

1 poulet, coupé en 8 morceaux

1 livre de ragoût de bœuf désossé, coupé en morceaux de 2 pouces

1 livre d'épaule d'agneau, coupée en morceaux de 2 pouces

1 livre d'épaule de porc, coupée en morceaux de 2 pouces

1 gros oignon rouge, finement haché

2 branches de céleri miniature, hachées

2 grosses carottes, hachées finement

2 gousses d'ail finement hachées

1 tasse de vin rouge sec

Sel

½ cuillère à café de poivron rouge moulu

2 tasses de tomates hachées, fraîches ou en conserve

1 cuillère à soupe de romarin frais moulu

2 mugs faits maison<u>Soupe au poulet</u>,<u>Bouillon de viande</u>, ou un bouillon de bœuf ou de poulet du commerce

Décorer

8 tranches de pain italien ou français

2 grosses gousses d'ail, pelées

1. Dans une cocotte suffisamment grande pour contenir tous les ingrédients, ou dans une autre casserole profonde et lourde avec un couvercle hermétique, faites chauffer l'huile à feu moyen. Séchez la viande. Ajoutez seulement autant de pièces que celles qui peuvent tenir confortablement dans une seule couche. Bien saisir les morceaux de tous les côtés, environ 10 minutes par

fournée, puis transférer dans une assiette. Continuez jusqu'à ce que toute la viande soit dorée.

deuxAjouter l'oignon, le céleri, la carotte et l'ail dans la poêle. Cuire, en remuant souvent, jusqu'à tendreté, environ 10 minutes.

3.Remettez la viande dans la poêle et ajoutez le vin, le sel au goût et le poivron rouge moulu. Faire bouillir le liquide. Ajouter les tomates, le romarin et le bouillon. Réduisez le feu pour que le liquide bouillonne. Rôtir, en remuant de temps en temps, jusqu'à ce que toute la viande soit tendre, environ 90 minutes. (Si la sauce est trop sèche, ajoutez un peu d'eau.)

Quatre. Faites griller les tranches de pain et frottez-les avec de l'ail épluché. Placer la viande et la sauce dans un grand bol. Disposez les tranches de pain de tous les côtés. Servir chaud.

Ragoût de bœuf

Goulasch di Manzo

Donne 8 portions

La partie nord du Trentin-Haut-Adige faisait autrefois partie de l'Autriche ; Elle fut annexée par l'Italie après la Première Guerre mondiale. Cela rend la nourriture autrichienne, mais avec un accent italien.

Les épices séchées, comme le paprika, ne sont bonnes que six mois environ après ouverture du récipient. Après cela, le goût disparaît. Lors de la préparation de ce ragoût, cela vaut la peine d'acheter un nouveau pot. Assurez-vous d'utiliser du paprika importé de Hongrie. Vous pouvez utiliser des poivrons entiers ou une combinaison de poivrons doux et piquants selon votre goût.

3 cuillères à soupe de saindoux, de saindoux ou d'huile végétale

2 livres de faux-filet de bœuf désossé, coupé en morceaux de 2 pouces

Sel et poivre noir fraîchement moulu

3 gros oignons, tranchés finement

2 gousses d'ail hachées

2 tasses de vin rouge sec

¼ tasse de paprika doux hongrois ou une combinaison de paprika doux et piquant

1 feuille de laurier

Lanières de 2 pouces de zeste de citron

1 cuillère à soupe de concentré de tomate double concentré

1 cuillère à café de cumin moulu

1/2 cuillère à café de marjolaine séchée

jus de citron frais

1. Dans une grande cocotte ou une autre casserole profonde et lourde avec un couvercle hermétique, faites chauffer le bacon ou la graisse à feu moyen. Séchez la viande et placez uniquement les morceaux qui tiennent confortablement en une seule couche dans la poêle. Bien saisir les morceaux de tous les côtés, environ 10 minutes par fournée. Transférer la viande dans une assiette et saupoudrer de sel et de poivre.

deuxAjouter les oignons dans la poêle et cuire, en remuant souvent, jusqu'à ce qu'ils soient ramollis et dorés, environ 15 minutes. Ajoutez l'ail. Ajoutez le vin et grattez le fond de la poêle. Remettez la viande dans la poêle. Faire bouillir le liquide.

3.Ajouter le paprika, le laurier, le zeste de citron, la pâte de tomate, le cumin et la marjolaine. Ajoutez suffisamment d'eau pour couvrir juste la viande.

Quatre. Couvrir la marmite et rôtir pendant 2 1/2 à 3 heures ou jusqu'à ce que la viande soit tendre. Ajoutez du jus de citron. Retirez la feuille de laurier et le zeste de citron. Goûtez et rectifiez l'assaisonnement. Servir chaud.

Queue de boeuf mijotée à la romaine

Code à la vaccination

Donne 4 à 6 portions

Bien que les queues de bœuf ne soient pas très charnues, ce qu'elles contiennent est très savoureuse et tendre lorsqu'elles sont braisées en romaine. Le reste de la sauce convient parfaitement aux rigatoni ou autres pâtes épaisses.

1/4 tasse d'huile d'olive

3 livres de queue de bœuf, coupée en morceaux de 1 1/2 pouce

1 gros oignon haché

2 gousses d'ail finement hachées

1 tasse de vin rouge sec

2 1/2 tasses de tomates fraîches, pelées, épépinées et hachées, ou de tomates en conserve, égouttées et hachées

1/4 cuillère à café de clous de girofle moulus

Sel et poivre noir fraîchement moulu

2 tasses d'eau

6 branches de céleri tendres, hachées

1 cuillère à soupe de chocolat mi-amer haché

3 cuillères à soupe de pignons de pin

3 cuillères à soupe de raisins secs

1. Dans une grande casserole ou une autre casserole profonde et lourde avec un couvercle hermétique, faites chauffer l'huile d'olive. Égouttez la queue de bœuf et ajoutez uniquement les morceaux qui tiennent confortablement en une seule couche dans la poêle. Bien saisir les morceaux de tous les côtés, environ 10 minutes par fournée. Transférer les morceaux dans une assiette.

deux Ajouter l'oignon et cuire, en remuant de temps en temps, jusqu'à ce qu'il soit doré. Ajouter l'ail et cuire encore 1 minute. Ajoutez le vin en raclant le fond de la casserole.

3. Remettez la queue de bœuf dans la poêle. Ajouter les tomates, les clous de girofle, le sel et le poivre au goût et l'eau. Couvrir la casserole et porter le liquide à ébullition. Réduire le feu et laisser mijoter, en remuant de temps en temps, jusqu'à ce que la viande soit tendre et se détache des os, environ 3 heures.

Quatre. Pendant ce temps, portez à ébullition une grande casserole d'eau. Ajouter le céleri et cuire 1 minute. Bien égoutter.

5. Incorporer le chocolat dans la poêle avec les queues de bœuf. Ajouter le céleri, les pignons de pin et les raisins secs. Porter à ébullition. Servir chaud.

Cuisse de veau mijotée

par Garrett al Vino

Donne 6 portions

D'épaisses tranches de jarret de veau sont braisées avec des légumes et du vin rouge dans ce plat mijoté richement parfumé. Les légumes cuits qui l'accompagnent sont écrasés avec le jus de cuisson pour créer une délicieuse sauce pour la viande. Servir avec un accompagnement de pommes de terre ou de polenta ou arroser d'un peu de sauce<u>Gnocchi de pommes de terre</u>.

2 cuillères à soupe de beurre non salé

1 cuillère à soupe d'huile d'olive

3 tranches de cuisse de bœuf (1 1/2 pouce d'épaisseur) (environ 3 livres), bien parées

Sel et poivre noir fraîchement moulu

4 carottes, hachées

3 côtes de céleri hachées

1 gros oignon haché

2 tasses de vin rouge sec

1 feuille de laurier

1.Dans une grande cocotte ou une autre casserole profonde et lourde avec un couvercle hermétique, faire fondre le beurre avec l'huile. Assécher la viande et bien la saisir de tous les côtés, environ 10 minutes. Saupoudrez de sel et de poivre. Transférer la viande dans une assiette.

deuxAjouter les légumes et cuire, en remuant souvent, jusqu'à ce qu'ils soient bien dorés, environ 10 minutes.

3.Ajoutez le vin et faites cuire en raclant le fond de la casserole avec une cuillère en bois. Laisser mijoter le vin pendant 1 minute. Remettez la viande dans la marmite et ajoutez la feuille de laurier.

Quatre. Couvrir la casserole et réduire le feu à doux. Si le liquide s'évapore trop, ajoutez un peu d'eau tiède. Rôtir pendant 2 1/2 à 3 heures, en retournant la viande de temps en temps, jusqu'à ce qu'elle soit tendre lorsqu'on la perce avec un couteau.

5. Retirer la viande dans une assiette et couvrir pour la garder au chaud. Jetez la feuille de laurier. Passez les légumes au moulin ou broyez-les avec un mixeur. Goûtez et rectifiez l'assaisonnement. Réchauffer si nécessaire. Versez la sauce aux légumes sur la viande. Sers immédiatement.

Aubergines farcies à la viande

Mélanzane Ripien

Donne 4 à 6 portions

Les petites aubergines, d'environ trois centimètres de long, sont idéales pour la farce. Ils sont chauds ou à température ambiante.

2 1/2 tasses de n'importe quel Ketchup

8 petites aubergines

Sel

12 onces de faux-filet de bœuf haché

2 onces de salami moulu ou de prosciutto italien importé

1 œuf large

1 gousse d'ail hachée finement

1/3 tasse de chapelure sèche

1/4 tasse de Pecorino Romano ou Parmigiano-Reggiano râpé

2 cuillères à soupe de persil frais haché

Sel et poivre noir fraîchement moulu

1. Si nécessaire, préparez la sauce tomate. Placez ensuite la grille au centre du four. Préchauffer le four à 375 ° F. Beurrer un plat allant au four de 12 x 9 x 2 pouces.

deuxFaites bouillir une grande casserole d'eau. Coupez le dessus des aubergines et coupez-les en deux dans le sens de la longueur. Ajoutez les aubergines à l'eau avec du sel au goût. Cuire à feu doux jusqu'à ce que l'aubergine soit tendre, 4 à 5 minutes. Placez les aubergines dans une passoire pour les égoutter et les refroidir.

3. À l'aide d'une petite cuillère, retirez la chair de chaque aubergine en laissant une coquille de 1/4 pouce d'épaisseur. Hachez la pulpe et placez-la dans un grand bol. Disposez les coquilles dans le plat allant au four, côté peau vers le bas.

Quatre. Ajouter le bœuf, le salami, l'œuf, l'ail, la chapelure, le fromage, le persil, le sel et le poivre au goût à la pulpe d'aubergine. Versez le mélange dans les coquilles d'aubergines en lissant le dessus. Versez la sauce tomate sur les aubergines.

5. Cuire au four jusqu'à ce que la garniture soit cuite, environ 20 minutes. Servez chaud ou à température ambiante.

Boulettes de viande napolitaines

Pain de viande

Donne 6 portions

Ma mère préparait un lot de ces boulettes de viande une fois par semaine et les mélangeait dans une grande casserole de ragoût. Quand elle ne regardait pas, quelqu'un en sortait un du pot pour une collation. Bien sûr, il le savait, alors il préparait souvent un double lot.

- 3 tasses <u>Corne napolitaine</u> ou <u>sauce marinara</u>
- 1 livre de faux-filet de bœuf haché
- 2 gros œufs, battus
- 1 grosse gousse d'ail, hachée finement
- 1 1/2 tasse de Pecorino Romano fraîchement râpé
- 1 1/2 tasse de chapelure
- 2 cuillères à soupe de persil plat frais finement haché
- 1 cuillère à café de sel
- poivre noir fraîchement moulu

¹1/4 tasse d'huile d'olive

1. Si nécessaire, préparez du ragoût ou de la sauce. Ensuite, dans un grand bol, mélanger la viande, les œufs, l'ail, le fromage, la chapelure, le persil, le sel et le poivre au goût. Mélangez bien tous les ingrédients avec vos mains.

deuxLavez-vous les mains sous l'eau froide pour éviter qu'elles ne collent, puis façonnez légèrement le mélange en boules de 2 pouces. (Si vous préparez des boulettes de viande à utiliser dans des lasagnes ou pour cuire des ziti, formez la viande en petites boulettes de la taille d'un petit raisin.)

3. Faites chauffer l'huile dans une grande poêle à feu moyen. Ajouter les boulettes de viande et cuire jusqu'à ce qu'elles soient bien dorées de tous les côtés, environ 15 minutes. (Retournez-les doucement avec une pince à épiler.) Transférez les boulettes de viande dans une assiette.

Quatre. Transférez les boulettes de viande dans la poêle à ragoût ou à sauce tomate. Laisser mijoter à feu doux jusqu'à tendreté, environ 30 minutes. Servir chaud.

Boulettes de viande aux pignons de pin et raisins secs

Polpette avec Pinoli et Uve Secche

Donne 20 boulettes de viande de 2 pouces

Le secret d'une bonne galette ou galette juteuse est de mélanger du pain ou de la chapelure au mélange. Le pain absorbe le jus de la viande et le retient pendant la cuisson de la viande. Pour un extérieur encore plus croustillant, ces boulettes de viande sont également roulées dans la chapelure avant la cuisson. Cette recette m'a été donnée par mon ami Kevin Benvenuti, propriétaire d'une boutique gastronomique à Westin, en Floride. La recette vient de sa grand-mère Karolina.

Certains chefs aiment sauter l'étape de cuisson et placer les boulettes de viande directement dans la sauce. Les boulettes de viande sont plus molles. Je préfère la texture plus ferme et la meilleure saveur de la pâtisserie.

3 tasses Corne napolitaine ou un autre ketchup

1 tasse de chapelure sèche

4 tranches de pain italien, croûte retirée et coupées en petits morceaux (environ 2 tasses)

1/2 tasse de lait

2 livres de bœuf haché mélangé, bœuf et porc

4 gros œufs, légèrement battus

2 gousses d'ail finement hachées

2 cuillères à soupe de persil plat frais finement haché

1/2 tasse de raisins secs

1/2 tasse de pignons de pin

1/2 tasse de Pecorino Romano ou Parmigiano-Reggiano râpé

1 1/2 cuillère à café de sel

1/4 cuillère à café de muscade fraîchement moulue

poivre noir fraîchement moulu

1/4 tasse d'huile d'olive

1. Si nécessaire, préparez du ragoût ou de la sauce. Ajouter la chapelure dans un bol peu profond. Faites ensuite tremper le

pain dans le lait pendant 10 minutes. Égouttez le pain et essorez l'excès de liquide.

deuxDans un grand bol, mélanger la viande, le pain, les œufs, l'ail, le persil, les raisins secs, les pignons de pin, le fromage, le sel, la muscade et le poivre au goût. Mélangez bien tous les ingrédients avec vos mains.

3.Lavez-vous les mains sous l'eau froide pour éviter qu'elles ne collent, puis façonnez légèrement le mélange en boules de 2 pouces. Roulez légèrement les boulettes de viande dans la chapelure.

Quatre. Faites chauffer l'huile dans une grande poêle à feu moyen. Ajouter les boulettes de viande et cuire jusqu'à ce qu'elles soient bien dorées de tous les côtés, environ 15 minutes. (Retournez-les délicatement avec des pinces.)

5.Ajoutez les boulettes de viande au ragoût ou à la sauce. Laisser mijoter à feu doux jusqu'à tendreté, environ 30 minutes. Servir chaud.

Boulettes de viande au chou et tomates

Polpettine Stufato au Cavolo

Donne 4 portions

Les boulettes de viande font partie de ces plats réconfortants que l'on prépare presque partout, voire dans toutes les régions d'Italie. Mais les Italiens ne servent jamais de boulettes de viande avec des spaghettis. Ils ont l'impression que la lourdeur de la viande submergerait les délicats brins de pâtes. De plus, les pâtes constituent le premier plat et toute viande plus grosse qu'une bouchée est servie comme deuxième plat. Cette recette du Frioul-Vénétie Julienne sert des boulettes de viande avec du chou mijoté. C'est un plat copieux à servir par une nuit froide.

2 gousses d'ail finement hachées

2 cuillères à soupe d'huile d'olive

1 petit chou haché

1 1/2 tasse de tomates entières en conserve, égouttées et hachées

Sel

Boulettes de viande

1 tasse de pain italien ou français sans croûte, déchiré

1 1/2 tasse de lait

1 livre de faux-filet de bœuf haché

1 gros oeuf, battu

1/2 tasse de Parmigiano-Reggiano fraîchement râpé

1 grosse gousse d'ail, hachée

2 cuillères à soupe de persil frais haché

Sel et poivre noir fraîchement moulu

1 1/4 tasse d'huile d'olive

1. Dans une grande casserole, cuire l'ail dans l'huile d'olive à feu moyen jusqu'à ce qu'il soit légèrement doré, environ 2 minutes. Ajoutez le chou et mélangez bien. Ajouter les tomates et le sel au goût. Couvrir et laisser mijoter 45 minutes en remuant de temps en temps.

deux Mélanger le pain et le lait dans un bol moyen. Laissez reposer 10 minutes, puis essorez l'excédent de lait.

3. Dans un grand bol, mélanger la viande, le pain, l'œuf, le fromage, l'ail, le persil, le sel et le poivre au goût. Mélangez bien tous les ingrédients avec vos mains.

Quatre. Lavez-vous les mains sous l'eau froide pour éviter de coller, puis formez légèrement le mélange de viande en boules de 2 pouces. Faites chauffer l'huile dans une grande poêle à feu moyen. Faites frire les boulettes de viande de tous les côtés jusqu'à ce qu'elles soient bien dorées. (Retournez-les doucement avec une pince à épiler.) Transférez les boulettes de viande dans une assiette.

5. S'il y a beaucoup de liquide dans la marmite avec le chou, laissez le couvercle ouvert et laissez cuire jusqu'à réduction. Ajouter les boulettes de viande et garnir de chou. Cuire encore 10 minutes. Servir chaud.

Boulettes de viande, à la bolognaise

Polpette à la bolognaise

Donne 6 portions

Cette recette est mon adaptation de la Trattoria Gigina de Bologne. Bien qu'elle soit aussi faite maison que n'importe quelle recette de boulettes de viande, le mélange de viande bolognaise et la crème dans la sauce tomate la rendent un peu plus sophistiquée.

Dép.

1 petit oignon finement haché

1 carotte moyenne, hachée finement

1 petit céleri miniature, finement haché

2 cuillères à soupe d'huile d'olive

1 1/2 tasses de purée de tomates

1 1/2 tasse de crème épaisse

Sel et poivre noir fraîchement moulu

Boulettes de viande

1 livre de bœuf haché maigre

8 onces de Bologne

1/2 tasse de Parmigiano-Reggiano fraîchement râpé

2 gros œufs, battus

1/2 tasses de chapelure sèche

1 cuillère à café de sel de mer ou casher

1/4 cuillère à café de muscade moulue

poivre noir fraîchement moulu

1. Préparez la sauce : Dans une grande casserole ou une poêle profonde à feu moyen, faites cuire l'oignon, la carotte et le céleri dans l'huile d'olive jusqu'à ce qu'ils soient dorés et tendres, environ 10 minutes. Ajouter les tomates, la crème, le sel et le poivre au goût. Porter à ébullition.

deux Préparez les boulettes de viande : placez les ingrédients des boulettes de viande dans un grand bol. Mélangez bien tous les ingrédients avec vos mains. Lavez-vous les mains sous l'eau froide pour éviter qu'elles ne collent, puis façonnez légèrement le mélange en boules de 2 pouces.

3. Transférer les boulettes de viande dans la sauce bouillante. Couvrir et cuire, en retournant les boulettes de viande de temps en temps, jusqu'à ce qu'elles soient bien cuites, environ 20 minutes. Servir chaud.

Boulettes de viande à Marsala

Polpete al Marsala

Donne 4 portions

Mon ami Arthur Schwartz, une autorité en matière de cuisine napolitaine, m'a décrit cette recette qui, selon lui, est très populaire à Naples.

1 tasse de pain italien sans croûte, coupé en morceaux

1/4 tasse de lait

Environ 1/2 tasse de farine tout usage

1 livre de bœuf haché rond

2 gros œufs, battus

1/2 tasse de Parmigiano-Reggiano fraîchement râpé

1/4 tasse de jambon haché

2 cuillères à soupe de persil frais haché

Sel et poivre fraîchement moulu

3 cuillères à soupe de beurre non salé

¹1/2 tasse de Marsala sec

½ tasse maison<u>Bouillon de viande</u>ou bouillon de boeuf du commerce

1. Dans un petit bol, faites tremper le pain dans le lait pendant 10 minutes. Essorez le liquide. Mettez la farine dans un bol peu profond.

deuxMettez le pain, la viande, les œufs, le fromage, le jambon, le persil, le sel et le poivre dans un grand bol. Mélangez bien tous les ingrédients avec vos mains. Lavez-vous les mains sous l'eau froide pour éviter de coller, puis façonnez légèrement le mélange en huit boules de 2 pouces. Roulez les boules dans la farine.

3. Dans une poêle pouvant contenir toutes les boulettes de viande, faire fondre le beurre à feu moyen-doux. Ajouter les boulettes de viande et cuire, en les retournant délicatement avec des pinces, jusqu'à ce qu'elles soient bien dorées, environ 15 minutes. Ajouter le Marsala et le bouillon. Cuire jusqu'à ce que le liquide soit réduit et que les boulettes de viande soient bien cuites, 4 à 5 minutes. Servir chaud.

Tourte à la viande, à l'ancienne façon napolitaine

Polpettone de Santa Chiara

Donne 4 à 6 portions

Cette recette nécessite une cuisson au four, bien que le pain soit d'abord entièrement grillé dans une poêle puis cuit avec un peu de vin dans une poêle couverte. Les œufs durs créent un effet « cible » au centre lorsque le ruban est coupé. Bien que cette recette demande du bœuf entier, un mélange de viande hachée fonctionne bien.

deux/3 tasse de pain italien sans croûte d'un jour

1 1/3 tasse de lait

1 livre de bœuf haché rond

2 gros œufs, battus

Sel et poivre noir fraîchement moulu

4 onces de jambon fumé, râpé

1 1/2 tasse de fromage Pecorino Romano ou provolone râpé

4 cuillères à soupe de chapelure sèche

2 oeufs durs

1. Placer une grille au centre du four. Préchauffer le four à 350 ° F. Beurrer un plat allant au four carré de 9 pouces.

deuxFaire tremper le pain dans le lait pendant 10 minutes. Pressez le pain pour éliminer l'excès de liquide.

3. Dans un grand bol, mélanger la viande, le pain, les œufs, le sel et le poivre au goût. Ajouter le jambon et le fromage.

Quatre. Sur une grande feuille de papier ciré, étalez la moitié de la chapelure sur une feuille de papier ciré. Étalez la moitié du mélange de viande sur le papier parchemin en un rectangle de 8 x 4 pouces. Cassez deux œufs durs au centre dans le sens de la longueur. Garnir du reste du mélange de viande, en pressant la viande pour obtenir un pain bien net d'environ 8 pouces de long. Placez le pain dans le moule préparé. Saupoudrer le dessus et les côtés avec le reste de chapelure.

5. Cuire le pain pendant environ 1 heure ou jusqu'à ce que la température interne sur un thermomètre à lecture instantanée atteigne 155°F. Laisser refroidir 10 minutes avant de trancher. Servir chaud.

Steak au vin rouge

Brasato au Barolo

Donne 6 à 8 portions

Les chefs piémontais rôtissent lentement de gros morceaux de viande dans le vin Barolo de la région, mais d'autres rouges secs corsés fonctionneront également bien.

3 cuillères à soupe d'huile d'olive

1 rôti de veau désossé ou rond (environ 3 1/2 livres)

2 onces de pancetta, hachée

1 oignon moyen haché

2 gousses d'ail finement hachées

1 tasse de vin rouge sec comme le Barolo

2 tasses de tomates pelées, évidées et hachées

2 mugs faits maison<u>Bouillon de viande</u>ou bouillon de boeuf du commerce

2 carottes coupées en tranches

1 tranche de céleri

2 cuillères à soupe de persil frais haché

Sel et poivre noir fraîchement moulu

1. Dans une grande cocotte ou une autre casserole profonde et lourde avec un couvercle hermétique, faites chauffer l'huile à feu moyen. Ajouter la viande et bien cuire de tous les côtés pendant environ 20 minutes. Assaisonnez avec du sel et du poivre selon votre goût. Transférer dans une assiette.

deux Coupez tout sauf deux cuillères à soupe de graisse. Ajouter la pancetta, l'oignon et l'ail dans la casserole. Cuire, en remuant souvent, jusqu'à tendreté, environ 10 minutes. Ajouter le vin et porter à ébullition.

3. Ajouter les tomates, le bouillon, les carottes, le céleri et le persil. Couvrir la casserole et porter le liquide à ébullition. Cuire à feu doux, en retournant de temps en temps, 2 1/2 à 3 heures, ou jusqu'à ce qu'ils soient tendres lorsqu'on les perce avec une fourchette.

Quatre. Transférer la viande dans une assiette. Couvrir et réserver au chaud. Si le liquide dans la casserole semble trop liquide, augmentez le feu et laissez cuire jusqu'à ce qu'il réduise légèrement. Goûtez la sauce et rectifiez l'assaisonnement. Coupez la viande en tranches et servez chaude avec la sauce.

Steak avec sauce à l'oignon et pâtes

Les Génois

Donne 8 portions

Les oignons, les carottes, le prosciutto et le salami sont les principaux ingrédients de ce steak tendre. Il s'agit d'une vieille recette napolitaine qui, contrairement à de nombreux plats locaux, ne contient pas de tomates. Les historiens expliquent qu'il y a des siècles, les marins voyageant entre les ports de Gênes et de Naples rapportaient ce plat chez eux.

La Genovese était la spécialité de ma grand-mère, qui servait la sauce à l'oignon sur de la mafalda, de longues bandes de pâtes au bord ondulé ou avec de longs fusilli. La viande tranchée était ensuite consommée avec le reste de la sauce en deuxième plat.

2 cuillères à soupe d'huile d'olive

1 rôti de veau désossé ou rond (environ 3 1/2 livres)

Sel et poivre noir fraîchement moulu

6 à 8 oignons moyens (environ 3 livres), tranchés finement

6 carottes moyennes, tranchées finement

2 onces de salami de Gênes, coupé en fines lanières

2 onces de prosciutto italien importé, coupé en fines lanières

1 livre de mafalde ou fusilli

Parmigiano-Reggiano ou Pecorino Romano fraîchement râpé

1. Placer une grille au centre du four. Préchauffer le four à 325° F. Dans une grande cocotte ou une autre casserole profonde et lourde avec un couvercle hermétique, chauffer l'huile à feu moyen. Ajouter la viande et bien cuire de tous les côtés pendant environ 20 minutes. Saupoudrez de sel et de poivre. Lorsque la viande est complètement dorée, transférez-la dans une assiette et égouttez la graisse de la marmite.

deux Ajoutez 1 tasse d'eau dans la casserole et grattez le fond avec une cuillère en bois pour détacher les morceaux bruns. Ajouter les oignons, les carottes, le salami et le prosciutto dans la casserole. Remettez le steak dans la marmite. Couvrir et porter le liquide à ébullition.

3. Transférez la casserole au four. Rôtir, en retournant la viande de temps en temps, pendant 2 1/2 à 3 heures. ou jusqu'à ce qu'ils soient très tendres lorsqu'on les perce avec une fourchette.

Quatre. Environ 20 minutes avant de cuire la viande, portez à ébullition une grande casserole d'eau. Ajoutez 2 cuillères à soupe de sel, puis les pâtes en les poussant doucement jusqu'à ce qu'elles soient entièrement recouvertes d'eau. Cuire jusqu'à ce qu'il soit al dente, juste tendre mais ferme sous la dent.

5. Une fois terminé, transférez la viande dans une assiette. Couvrir et réserver au chaud. Laissez la sauce refroidir légèrement. Broyez le contenu de la casserole au moulin ou réduisez-le en purée avec un robot culinaire ou un mélangeur. Goûtez et rectifiez l'assaisonnement. Remettez la sauce dans la marmite avec la viande. Chauffer doucement.

6. Versez un peu de sauce sur les pâtes. Saupoudrer de fromage. Réchauffer la sauce et la viande si nécessaire. Coupez la viande en tranches et servez-la en deuxième plat avec le reste de la sauce.

Rouleau de bœuf farci à la sicilienne

Farsumagra

Donne 6 portions

Farsumagro, en dialecte sicilien, ou falsemagro, en italien standard, signifie « faussement mince ». Le nom fait probablement référence à la riche garniture contenue dans la fine tranche de viande. Il existe de nombreuses variantes de ce plat. Certains cuisiniers utilisent un morceau de veau au lieu d'un morceau de bœuf pour le rouleau extérieur, et j'utilise du veau haché ou du bœuf haché au lieu de saucisses de porc. Le jambon, le salami ou la pancetta sont parfois utilisés à la place du prosciutto. D'autres cuisiniers ajoutent des légumes comme des pommes de terre ou des pois à la sauce bouillante.

La partie la plus difficile de cette recette est d'obtenir un morceau de viande d'environ 8 x 6 x 1/2 pouces qui peut être haché à 1,5 pouces d'épaisseur. Demandez au boucher de le couper pour vous.

12 oz de saucisse de porc italienne, boyaux retirés

1 œuf battu

1 1/2 tasse de Pecorino Romano fraîchement râpé

1/4 verre de chapelure sèche

2 cuillères à soupe de persil frais haché

1 gousse d'ail hachée finement

Sel et poivre noir fraîchement moulu

1 livre de steak rond désossé de 1/2 pouce d'épaisseur

2 onces de prosciutto italien importé, tranché finement

2 œufs durs, écalés

3 cuillères à soupe d'huile d'olive

1 oignon finement haché

1 1/2 tasse de vin blanc sec

1 boîte (28 oz) de tomates hachées

1 tasse d'eau

1. Dans un grand bol, mélanger le porc, l'œuf, le fromage, la chapelure, le persil, l'ail, le sel et le poivre au goût.

deuxPlacez un grand morceau de pellicule plastique sur une surface plane et placez la viande dessus. Placez une deuxième feuille de pellicule plastique sur la viande et tapotez doucement pour aplatir la viande jusqu'à ce qu'elle atteigne environ 1/4 de pouce d'épaisseur.

3. Jetez la feuille de plastique supérieure. Disposez des tranches de jambon Serrano sur la viande. Étalez le mélange de viande sur le jambon en laissant une bordure de 1/2 pouce autour. Disposez les œufs durs en rangée sur un côté long de la viande. Pliez la viande dans le sens de la longueur sur les œufs et la garniture et roulez-la comme un rouleau de gelée, en utilisant la feuille inférieure de pellicule plastique pour aider à rouler. À l'aide de ficelle de cuisine en coton, attachez le rouleau à intervalles de 1 pouce comme un steak.

Quatre. Faites chauffer l'huile à feu moyen dans une grande cocotte ou une autre casserole profonde et lourde avec un couvercle hermétique. Ajouter le rouleau de bœuf et bien saisir d'un côté pendant environ 10 minutes. Retournez la viande avec des pinces et étalez l'oignon sur toutes les faces. Faites frire la viande de l'autre côté, environ 10 minutes.

5. Ajouter le vin et porter à ébullition. Ajouter les tomates hachées et l'eau. Couvrir la poêle et cuire, en retournant la viande de temps en temps, pendant environ 1 heure et demie, ou jusqu'à ce que la viande soit tendre lorsqu'on la pique avec une fourchette.

6. Transférer la viande dans une assiette. Laissez la viande refroidir pendant 10 minutes. Retirez les ficelles et coupez le rouleau en tranches de 1/2 pouce. Placez les tranches dans un bol chaud. Réchauffez la sauce si nécessaire. Versez la sauce sur la viande et servez.

Surlonge grillé avec sauce aux olives

Filet aux olives

Donne 8 à 10 portions

Un tendre steak grillé est parfait pour un dîner raffiné. Servir chaud ou à température ambiante avec une délicieuse sauce aux olives ou un substitut<u>Sauce aux tomates séchées</u>. Ne faites jamais cuire ce morceau de viande plus que mi-saignant sinon il sera sec.

<u>sauce aux olives</u>

3 cuillères à soupe d'huile d'olive

2 cuillères à soupe de vinaigre balsamique

1 cuillère à café de sel

poivre noir fraichement moulu

1 filet de bœuf, paré et ficelé (environ 4 livres)

1 cuillère à soupe de romarin frais moulu

1. Si nécessaire, préparez la sauce. Mélangez l'huile, le vinaigre, le sel et beaucoup de poivre moulu. Placez la viande dans une grande rôtissoire et versez la marinade dessus en retournant la viande pour l'enrober de tous les côtés. Couvrir la casserole de papier d'aluminium et laisser mariner pendant 1 heure à température ambiante ou jusqu'à 24 heures au réfrigérateur.

deuxPlacer une grille au centre du four. Préchauffer le four à 425°F. Rôtir pendant 30 minutes ou jusqu'à ce que la température atteigne 125 °F dans la partie la plus épaisse à l'aide d'un thermomètre à lecture instantanée. Transférer le steak du four dans une assiette.

3.Laisser reposer 15 minutes avant de trancher. Coupez la viande en tranches de 1/2 pouce et servez tiède ou à température ambiante avec la sauce.

Mélanges de viande bouillie

Petit pain mixte

Donne 8 à 10 portions

Bollito misto, qui signifie « bouilli mélangé », est une combinaison de viande et de légumes mijotés dans un liquide bouillant. Dans le nord de l'Italie, les pâtes sont ajoutées au bouillon du premier plat. La viande est coupée en tranches et servie avec diverses sauces. Le Bollito misto est très festif et constitue un dîner impressionnant pour une foule.

Chaque région a sa propre façon de procéder. Les Piémontais exigent qu'il soit composé de sept types de viande et servi avec une sauce tomate et poivre. La salsa verde est peut-être la plus traditionnelle, et en Émilie-Romagne et en Lombardie, la mostarda, fruit conservé dans un sirop de moutarde douce, est typique. La Mostarda est disponible dans de nombreux marchés et boutiques gastronomiques italiens.

Bien que le bollito misto soit facile à préparer, sa préparation prend beaucoup de temps. Calculez environ quatre heures à partir du moment où le chauffage est allumé. Lorsque toute la viande est cuite, vous pouvez la garder au chaud dans la marmite pendant encore une heure. Vous avez besoin d'une casserole séparée pour cuire du Kotechino ou une autre grosse saucisse, car la graisse qui s'en dégage rendra le bouillon gras.

En plus des sauces, j'aime accompagner la viande avec des légumes cuits à la vapeur comme des carottes, des courgettes et des pommes de terre.

1 grosse tomate mûre, coupée en deux et dénoyautée

4 brins de persil avec les tiges

2 côtes de céleri avec les feuilles, hachées grossièrement

2 grosses carottes, hachées grossièrement

1 gros oignon, haché grossièrement

1 gousse d'ail

1 steak de bœuf désossé, environ 3 livres

Sel

<u>Sauce verte</u>ou<u>Sauce aux poivrons rouges et tomates</u>

1 épaule de veau désossée, roulée et ficelée, environ 3 livres

1 cotechino ou autre grosse saucisse à l'ail, environ 1 livre

1 poulet entier, environ 3 1/2 livres

1. Dans un pot de 5 gallons ou deux pots plus petits de même capacité, mélangez les légumes et 3 litres d'eau. Porter à ébullition à feu moyen.

deux Ajoutez la viande et 2 cuillères à café de sel. Cuire 1 heure après que le liquide bout à nouveau. Pendant ce temps, préparez la sauce, si vous le souhaitez.

3. Ajouter le bœuf à la marmite; après que le liquide bout à nouveau, laissez cuire 1 heure. Si nécessaire, ajoutez plus d'eau pour couvrir la viande.

Quatre. Dans une autre casserole, mélanger le cotechino avec de l'eau pour couvrir de 1 pouce. Couvrir et porter à ébullition. Cuire 1 heure.

5. Ajoutez le poulet dans la marmite avec le bœuf et la viande. Porter à ébullition et cuire en retournant le poulet une ou deux fois pendant 1 heure ou jusqu'à ce que toute la viande soit tendre lorsqu'on la pique avec une fourchette.

6. Écumez le gras de la surface du bouillon avec une grande cuillère. Goûtez et rectifiez le sel. (Si vous servez le bouillon en entrée, filtrez une partie du bouillon dans une casserole, en laissant la viande et le reste du bouillon se réchauffer dans la casserole. Portez le bouillon à ébullition et faites-y cuire les pâtes. Servir chaud avec Parmigiano reggiano.)

7. Préparez une grande poêle chauffée. Coupez la viande en tranches et placez-la dans un bol. Arroser d'un peu de bouillon. Servir aussitôt les tranches de viande avec les sauces de votre choix.

Côtelettes de porc marinées grillées

Braciole de Maiale ai Ferri

Donne 6 portions

C'est une excellente recette pour des dîners d'été rapides. Pour vérifier si les côtelettes de porc sont cuites, faites une petite entaille près de l'os. La viande doit être encore légèrement rosée.

1 tasse de vin blanc sec

1/4 tasse d'huile d'olive

1 petit oignon, finement haché

1 gousse d'ail hachée finement

1 cuillère à soupe de romarin frais moulu

1 cuillère à soupe de sauge fraîche hachée

6 tranches de filet de porc coupées au centre, d'environ 3/4 po d'épaisseur

Tranches de citron, garnies

1. Mélangez le vin, l'huile, l'oignon, l'ail et les herbes dans un plat allant au four, suffisamment pour une couche. Ajouter les boulettes de viande, couvrir et réfrigérer au moins 1 heure.

deux Placez le barbecue ou le grill à environ 5 pouces de la source de chaleur. Préchauffer le gril ou le gril. Séchez les boulettes de viande avec du papier absorbant.

3. Griller la viande pendant 5 à 8 minutes ou jusqu'à ce qu'elle soit bien dorée. Retournez les boulettes de viande avec des pinces et faites cuire l'autre côté pendant 6 minutes, ou jusqu'à ce qu'elles soient dorées et légèrement roses lorsqu'elles sont coupées près de l'os. Servir chaud, garni de quartiers de citron.

Côtes levées à la façon du Frioul

Spuntature di Maiale alla Friulana

Donne 4 à 6 portions

Les côtes de Fruili sont braisées jusqu'à ce que la viande soit tendre et se détache des os. Servez-les avec une purée de pommes de terre ou un simple risotto.

2 mugs faits maisonBouillon de viandeou bouillon de boeuf du commerce

3 livres de côtes de porc, coupées en côtes individuelles

³1/4 tasse de farine tout usage

Sel et poivre noir fraîchement moulu

3 cuillères à soupe d'huile d'olive

1 gros oignon haché

2 carottes moyennes, tranchées

¹1/2 tasse de vin blanc sec

1. Si nécessaire, préparez le bouillon. Séchez les côtes avec du papier absorbant.

deux Sur une feuille de papier ciré, mélangez la farine, le sel et le poivre selon votre goût. Rouler les côtes levées dans la farine, puis secouer pour enlever l'excédent.

3. Faites chauffer l'huile dans une grande casserole à fond épais à feu moyen. Ajoutez autant de côtes levées que possible en une seule couche et faites bien saisir de tous les côtés pendant environ 15 minutes. Transférer les côtes levées dans une assiette. Répétez jusqu'à ce que toutes les côtes soient dorées. Égoutter tout sauf 2 cuillères à soupe de graisse.

Quatre. Ajouter l'oignon et la carotte dans la poêle. Cuire, en remuant de temps en temps, jusqu'à ce qu'il soit légèrement doré, environ 10 minutes. Ajoutez le vin et laissez cuire 1 minute en raclant et en remuant les morceaux dorés au fond de la casserole avec une cuillère en bois. Remettez les côtes levées dans la poêle et ajoutez le bouillon. Faire bouillir le liquide. Réduisez le feu à doux, couvrez et faites cuire, en remuant de temps en temps, pendant environ 1 heure et demie, ou jusqu'à ce que la viande soit très tendre et se détache des os. (Si la viande est trop sèche, ajoutez de l'eau.)

5. Transférer les côtes levées dans une assiette de service chaude et servir immédiatement.

Côtes levées à la sauce tomate

Parodie à Pomodoro

Donne 4 à 6 portions

Mon mari et moi avons mangé ces côtes levées dans notre osteria préférée, un restaurant décontracté et familial à Rome appelé Enoteca Corsi. Il n'est ouvert que le midi et le menu est très limité. Mais chaque jour, il se remplit de nombreux travailleurs des bureaux voisins, attirés par les prix très justes et les délicieux plats faits maison.

2 cuillères à soupe d'huile d'olive

3 livres de côtes de porc, coupées en côtes individuelles

Sel et poivre noir fraîchement moulu

1 oignon moyen, finement haché

1 carotte moyenne, hachée finement

1 jeune céleri, finement haché

2 gousses d'ail finement hachées

4 feuilles de sauge, hachées

¹1/2 tasse de vin blanc sec

2 tasses de tomates concassées en conserve

1. Dans une cocotte ou une casserole large et épaisse, faites chauffer l'huile à feu moyen. Ajoutez suffisamment de côtes levées pour qu'elles tiennent confortablement dans la poêle. Faites-les frire de tous les côtés, environ 15 minutes. Transférer les côtes levées dans une assiette. Saupoudrez de sel et de poivre. Continuez avec les côtes restantes. Une fois terminé, retirez tout sauf 2 cuillères à soupe de graisse.

deux Ajouter l'oignon, la carotte, le céleri, l'ail et la sauge et cuire jusqu'à ce qu'ils ramollissent, environ 5 minutes. Ajouter le vin et laisser mijoter pendant 1 minute, en remuant avec une cuillère en bois, en raclant le fond de la casserole et en incorporant les morceaux dorés.

3. Remettez les côtes dans la poêle. Ajouter les tomates, saler et poivrer au goût. Cuire pendant 1 à 1 1/2 heures, ou jusqu'à ce que les côtes soient très tendres et que la viande se détache des os.

Quatre. Transférer les côtes levées et la sauce tomate dans une assiette de service et servir immédiatement.

Côtes levées aux épices, à la toscane

Toscane spectaculaire

Donne 4 à 6 portions

Avec des amis de la société oléicole Lucini, nous avons visité les maisons d'oléiculteurs de la région du Chianti en Toscane. Notre groupe de journalistes a déjeuné dans une oliveraie. Après quelques bruschettas et salami, on nous sert du steak, des saucisses, des côtes levées et des légumes grillés sur copeaux de vigne. Les côtes de porc marinées dans une sauce savoureuse à base d'huile d'olive et d'épices concassées étaient mes préférées et nous avons tous essayé de deviner ce qu'il y avait dans le mélange. La cannelle et le fenouil étaient légers, mais nous avons tous été surpris d'apprendre que l'épice suivante était l'anis étoilé. J'aime utiliser de petites côtes de porc pour cette recette, mais des côtes de porc fonctionneraient également.

Anis étoilé 2

1 cuillère à soupe de graines de fenouil

6 baies de genièvre légèrement écrasées avec le côté d'un gros couteau

1 cuillère à soupe de sel marin fin ou casher

1 cuillère à café de cannelle

1 cuillère à café de poivre noir finement moulu

une pincée de poivron rouge moulu

4 cuillères à soupe d'huile d'olive

4 lb de côtes levées de dos, coupées en côtes individuelles

1. Mélanger l'anis étoilé, le fenouil, le genièvre et le sel dans un moulin à épices ou un mixeur. Réduire en purée lisse, environ 1 minute.

deuxDans un grand bol peu profond, mélanger le contenu du moulin à épices avec la cannelle, le poivre rouge et noir. Ajouter l'huile et bien mélanger. Frottez le mélange sur toutes les côtes. Placer les côtes levées dans un bol. Couvrir d'une pellicule plastique et réfrigérer pendant 24 heures en remuant de temps en temps.

3. Placez le barbecue ou le grill à environ 6 pouces de la source de chaleur. Préchauffer le gril ou le gril. Séchez les côtes levées, puis faites-les griller ou les griller, en les retournant souvent, jusqu'à ce qu'elles soient dorées et bien cuites, environ 20 minutes. Servir chaud.

Côtes levées et haricots

Puntini et Fagioli

Donne 6 portions

Quand je sais que j'ai une semaine chargée devant moi, j'adore faire des ragoûts comme ceux-là. Ils ne s'améliorent que lorsqu'ils sont préparés à l'avance, et il suffit de les réchauffer rapidement pour préparer un dîner copieux. Servez-les avec des légumes cuits comme des épinards ou une scarole, ou avec une salade verte.

2 cuillères à soupe d'huile d'olive

3 livres de côtes de porc à la campagne, coupées en côtes individuelles

1 oignon haché

1 carotte hachée

1 gousse d'ail hachée finement

2 1/2 livres de tomates fraîches, pelées, épépinées et hachées, ou 1 boîte (28 oz) pelées et coupées en dés

1 brin de romarin (3 pouces)

1 tasse d'eau

Sel et poivre noir fraîchement moulu

3 tasses de haricots cannellini ou de canneberges cuits ou en conserve, égouttés

1. Dans une grande cocotte ou une autre casserole profonde et lourde avec un couvercle hermétique, faites chauffer l'huile à feu moyen. Ajoutez suffisamment de côtes levées pour qu'elles tiennent confortablement dans la poêle. Faites-les frire de tous les côtés, environ 15 minutes. Transférer les côtes levées dans une assiette. Saupoudrez de sel et de poivre. Continuez avec les côtes restantes. Lorsque tout est prêt, versez tout sauf 2 cuillères à soupe de graisse.

deux Ajouter l'oignon, la carotte et l'ail dans la casserole. Cuire en remuant souvent jusqu'à ce que les légumes soient tendres, environ 10 minutes. Ajouter les côtes levées, puis les tomates, le romarin, l'eau, saler et poivrer au goût. Portez à ébullition et laissez cuire 1 heure.

3. Ajouter les haricots, couvrir et cuire pendant 30 minutes ou jusqu'à ce que la viande soit très tendre et se détache des os. Goûtez et rectifiez l'assaisonnement. Servir chaud.

Côtelettes de porc épicées aux poivrons marinés

Braciole di Maiale avec Peperoncini

Donne 4 portions

Les piments forts marinés et les poivrons doux marinés constituent la garniture parfaite pour des côtelettes de porc juteuses. Ajustez les proportions de piment et de poivron selon votre goût. Servez-les avec des frites.

2 cuillères à soupe d'huile d'olive

4 morceaux de filet de porc coupés au centre, chacun d'environ 1 pouce d'épaisseur

Sel et poivre noir fraîchement moulu

4 gousses d'ail, hachées finement

1 1/2 tasses de poivrons marinés doux tranchés

1/4 tasse de piments forts marinés tranchés, comme des peroncini ou des jalapeños, ou plus de poivrons doux

2 cuillères à soupe de jus de cornichon ou de vinaigre de vin blanc

2 cuillères à soupe de persil frais haché

1. Chauffer l'huile dans une grande poêle à feu moyen-vif. Séchez les boulettes de viande avec du papier absorbant, puis saupoudrez de sel et de poivre. Faites cuire les boulettes de viande jusqu'à ce qu'elles soient dorées, environ 2 minutes, puis retournez-les avec des pinces et faites cuire l'autre côté, environ 2 minutes de plus.

deux Réduire le feu à moyen. Répartissez les gousses d'ail autour des boulettes de viande. Couvrir la poêle et cuire pendant 5 à 8 minutes ou jusqu'à ce que les morceaux soient tendres et légèrement roses lorsqu'ils sont coupés près de l'os. Ajustez le feu pour que l'ail ne prenne pas une couleur brun foncé. Transférer les boulettes de viande dans une assiette de service et couvrir pour garder au chaud.

3. Ajoutez les piments doux et piquants et le jus de cornichon ou le vinaigre dans la poêle. Cuire en remuant pendant 2 minutes ou jusqu'à ce que les poivrons soient bien chauds et que le jus soit sirupeux.

Quatre. Ajoutez le persil. Versez le contenu de la poêle sur les boulettes de viande et servez aussitôt.

Escalopes de porc au romarin et pommes

Braciole au Mele

Donne 4 portions

Le goût aigre-doux des pommes complète parfaitement les côtelettes de porc. Cette recette est originaire du Frioul-Vénétie Julienne.

4 côtelettes de porc coupées au centre, chacune d'environ 1 pouce d'épaisseur

Sel et poivre noir fraîchement moulu

1 cuillère à soupe de romarin frais moulu

1 cuillère à soupe de beurre non salé

4 pommes Golden Delicious, pelées et coupées en morceaux de 1/2 pouce

1/2 tasse Soupe au poulet

1. Séchez la viande avec du papier absorbant. Saupoudrer les deux côtés des boulettes de viande de sel, de poivre et de romarin.

deux Faire fondre le beurre dans une grande poêle à fond épais à feu moyen. Ajouter les morceaux et cuire jusqu'à ce qu'ils soient bien dorés d'un côté, environ 2 minutes. Retournez les boulettes de viande avec des pinces et faites cuire l'autre côté, environ 2 minutes supplémentaires.

3. Répartissez les pommes autour des boulettes de viande et versez le bouillon dessus. Couvrez la poêle et réduisez le feu. Cuire pendant 5 à 10 minutes, en retournant les boulettes de viande une fois, jusqu'à ce qu'elles soient tendres et légèrement roses lorsqu'elles sont coupées près de l'os. Sers immédiatement.

Escalopes de porc à la sauce aux champignons et tomates

Costolette di Maiale avec Funghi

Donne 4 portions

Lorsque vous achetez des côtelettes de porc, recherchez des coupes de taille et d'épaisseur similaires afin qu'elles cuisent uniformément. Les champignons blancs, le vin et les tomates constituent la sauce de ces côtelettes de porc. Le même traitement convient aux escalopes de veau.

4 cuillères à soupe d'huile d'olive

4 morceaux de filet de porc coupés au centre, chacun d'environ 1 pouce d'épaisseur

Sel et poivre noir fraîchement moulu

1/2 tasse de vin blanc sec

1 tasse de tomates fraîches ou en conserve hachées

1 cuillère à soupe de romarin frais moulu

1 paquet (12 onces) de cèpes, légèrement lavés, les tiges enlevées et coupés en deux ou en quartiers s'ils sont gros

1. Faites chauffer 2 cuillères à soupe d'huile dans une grande poêle à fond épais à feu moyen. Saupoudrer les boulettes de viande de sel et de poivre. Disposez les boulettes de viande en une seule couche dans la poêle. Cuire jusqu'à ce qu'il soit bien doré d'un côté, environ 2 minutes. Retournez les boulettes de viande avec des pinces et faites cuire l'autre côté pendant environ 1 à 2 minutes supplémentaires. Transférer les boulettes de viande dans une assiette.

deuxAjoutez le vin dans la poêle et portez à ébullition. Ajouter les tomates, le romarin, le sel et le poivre au goût. Couvrir et cuire 10 minutes.

3. Pendant ce temps, faites chauffer les 2 cuillères à soupe d'huile restantes dans une poêle moyenne à feu moyen. Ajouter les champignons, saler et poivrer au goût. Cuire en remuant souvent jusqu'à ce que le liquide se soit évaporé et que les champignons soient dorés, environ 10 minutes.

Quatre. Remettez les côtelettes de porc dans la poêle avec la sauce tomate. Ajoutez les champignons. Couvrir et cuire 5 à 10 minutes de plus, ou jusqu'à ce que le porc soit bien cuit et que la sauce ait légèrement épaissi. Sers immédiatement.

Côtelettes de porc aux cèpes et vin rouge

Costolette aux champignons et au vin

Donne 4 portions

Lorsque vous rôtissez des boulettes de viande ou d'autres morceaux de viande, ils ajoutent de la saveur et améliorent leur apparence. Séchez toujours les morceaux avant la cuisson, car l'humidité de la surface fera cuire la viande à la vapeur plutôt que de la dorer. Après la friture, ces boulettes de viande sont mijotées avec du porc séché et du vin rouge. Une touche de crème épaisse donne à la sauce une texture onctueuse et une saveur riche.

1 once de cèpes séchés

1 1/2 tasses d'eau tiède

2 cuillères à soupe d'huile d'olive

4 tranches de filet de porc coupées au centre, d'environ 1 pouce d'épaisseur

Sel et poivre noir fraîchement moulu

1/2 tasse de vin rouge sec

1/4 tasse de crème épaisse

1. Placez les champignons dans un bol d'eau. Laisser reposer 30 minutes. Retirez les champignons du liquide et rincez-les bien sous l'eau courante, en accordant une attention particulière à la base des tiges où la terre s'accumule. Égoutter, puis hacher finement. Versez le liquide de trempage à travers un tamis en papier filtre à café dans un bol.

deux Faites chauffer l'huile dans une grande poêle à feu moyen. Séchez les boulettes de viande. Disposez les boulettes de viande en une seule couche dans la poêle. Cuire jusqu'à ce qu'il soit bien doré, environ 2 minutes. Retournez les boulettes de viande avec des pinces et faites cuire l'autre côté pendant environ 1 à 2 minutes supplémentaires. Saupoudrez de sel et de poivre. Transférer les boulettes de viande dans une assiette.

3. Ajoutez le vin dans la poêle et laissez mijoter 1 minute. Ajoutez le porc et son liquide de trempage. Réduire le feu à doux. Laisser mijoter pendant 5 à 10 minutes ou jusqu'à ce que le liquide ait réduit. Ajoutez la crème et laissez cuire encore 5 minutes.

Quatre. Remettez les boulettes de viande dans la poêle. Cuire encore 5 minutes ou jusqu'à ce que les boulettes de viande soient bien cuites et que la sauce ait épaissi. Sers immédiatement.

Escalopes de porc au chou

Costolette di Maiale avec Cavolo Rosso

Donne 4 portions

Le vinaigre balsamique ajoute de la couleur et de la douceur au chou rouge, tandis que le porc équilibre le tout. Cette recette ne nécessite pas l'utilisation de vinaigre balsamique vieilli. Conservez-le comme condiment pour le fromage ou les viandes cuites.

2 cuillères à soupe d'huile d'olive

4 tranches de filet de porc coupées au centre, d'environ 1 pouce d'épaisseur

Sel et poivre noir fraîchement moulu

1 gros oignon haché

2 grosses gousses d'ail, hachées finement

2 livres de chou rouge, coupé en fines lanières

¹1/4 tasse de vinaigre balsamique

2 cuillères à soupe d'eau

1. Faites chauffer l'huile dans une grande poêle à feu moyen. Séchez les boulettes de viande avec du papier absorbant. Placez les boulettes de viande dans la poêle. Cuire jusqu'à ce qu'il soit bien doré, environ 2 minutes. Retournez la viande avec des pinces et faites cuire l'autre côté pendant environ 1 à 2 minutes supplémentaires. Saupoudrez de sel et de poivre. Transférer les boulettes de viande dans une assiette.

deux Ajouter l'oignon dans la poêle et cuire 5 minutes. Ajouter l'ail et cuire encore 1 minute.

3. Ajouter le chou, le vinaigre balsamique, l'eau et le sel au goût. Couvrir et cuire, en remuant de temps en temps, jusqu'à ce que le chou soit tendre, environ 45 minutes.

Quatre. Ajouter les boulettes de viande dans la poêle et cuire, en les retournant une ou deux fois dans la sauce, jusqu'à ce que la viande soit bien cuite et légèrement rosée lorsqu'elle est coupée près de l'os, environ 5 minutes de plus. Sers immédiatement.

Côtelettes de porc au fenouil et vin blanc

Braciole di Maiale avec du vin

Donne 4 portions

Après la cuisson de ces boulettes de viande, il ne reste plus beaucoup de sauce dans la poêle, juste une cuillère à soupe ou deux de glaçage concentré pour humidifier la viande. Si vous ne souhaitez pas utiliser de graines de fenouil, essayez de les remplacer par une cuillère à soupe de romarin frais.

2 cuillères à soupe d'huile d'olive

4 tranches de filet de porc coupées au centre, d'environ 1 pouce d'épaisseur

1 gousse d'ail légèrement hachée

Sel et poivre noir fraîchement moulu

2 cuillères à café de graines de fenouil

1 tasse de vin blanc sec

1. Chauffer l'huile dans une grande poêle à feu moyen-vif. Séchez les côtelettes de porc. Ajouter les côtelettes de porc et l'ail dans la poêle. Cuire jusqu'à ce que les boulettes de viande soient dorées, environ 2 minutes. Saupoudrer de graines de fenouil, de

sel et de poivre. Retournez les boulettes de viande avec des pinces et faites cuire l'autre côté pendant environ 1 à 2 minutes supplémentaires.

deuxAjouter le vin et porter à ébullition. Couvrir et cuire pendant 3 à 5 minutes, ou jusqu'à ce que les boulettes de viande soient bien cuites et légèrement roses lorsqu'elles sont coupées près de l'os.

3.Transférer les boulettes de viande dans une assiette et jeter l'ail. Cuire le jus de cuisson jusqu'à ce qu'il soit réduit et épaissi. Versez le jus sur les boulettes de viande et servez aussitôt.

Côtelettes de porc, façon pizza

Braciole à la Pizzaiola

Donne 4 portions

À Naples, les côtelettes de porc et les petits rôtis peuvent également être préparés alla pizzaiola, à la manière du pizzaiolo. La sauce est généralement servie sur des spaghettis en entrée. Les boulettes de viande sont servies en deuxième plat avec une salade verte. La sauce devrait suffire pour une demi-livre de spaghetti, avec une cuillerée ou plus pour accompagner les boulettes de viande.

2 cuillères à soupe d'huile d'olive

4 côtes de porc d'environ 1 pouce d'épaisseur

Sel et poivre noir fraîchement moulu

2 grosses gousses d'ail, hachées finement

1 boîte (28 oz) de tomates pelées, égouttées et coupées en dés

1 cuillère à café d'origan séché

1 pincée de poivron rouge moulu

2 cuillères à soupe de persil frais haché

1. Faites chauffer l'huile dans une grande poêle à feu moyen. Séchez les boulettes de viande et saupoudrez de sel et de poivre. Placez les boulettes de viande dans la poêle. Cuire jusqu'à ce que les boulettes de viande soient dorées, environ 2 minutes. Retournez les boulettes de viande avec des pinces et faites cuire l'autre côté, environ 2 minutes supplémentaires. Transférer les boulettes de viande dans une assiette.

deux. Ajouter l'ail dans la poêle et cuire 1 minute. Ajouter les tomates, l'origan, le poivron rouge et le sel au goût. Faire bouillir la sauce. Cuire, en remuant de temps en temps, pendant 20 minutes ou jusqu'à ce que la sauce épaississe.

3. Remettez les boulettes de viande dans la sauce. Cuire pendant 5 minutes, en retournant les boulettes de viande une ou deux fois, jusqu'à ce qu'elles soient bien cuites et légèrement roses lorsqu'elles sont coupées près de l'os. Saupoudrer de persil. Servir immédiatement ou, si vous utilisez de la sauce à spaghetti, couvrir les boulettes de viande de papier d'aluminium pour les garder au chaud.

Côtelettes de porc, façon Molise

Pampanella Sammartine

Donne 4 portions

Ces boulettes de viande sont épicées et inhabituelles. Il fut un temps où les cuisiniers du Molise faisaient sécher les poivrons rouges doux au soleil pour en faire du paprika. Le paprika doux produit commercialement est aujourd'hui utilisé en Italie. Aux États-Unis, utilisez du paprika importé de Hongrie pour obtenir la meilleure saveur.

Griller des côtelettes de porc est délicat car elles peuvent sécher très facilement. Surveillez-les de près et faites cuire jusqu'à ce que la viande soit légèrement rosée près de l'os.

¼ tasse de poivrons doux

2 gousses d'ail hachées

1 cuillère à café de sel

poivron rouge moulu

2 cuillères à soupe de vinaigre de vin blanc

4 tranches de filet de porc coupées au centre, d'environ 1 pouce d'épaisseur

1.Dans un petit bol, mélanger le paprika, l'ail, le sel et une pincée de poivron rouge moulu. Ajouter le vinaigre et mélanger jusqu'à consistance lisse. Disposez les boulettes de viande dans une assiette et enduisez-les de pâtes sur toutes les faces. Couvrir et réfrigérer de 1 heure à toute la nuit.

deuxPlacez le barbecue ou le grill à environ 6 pouces de la source de chaleur. Préchauffer le gril ou le gril. Faites cuire les côtelettes de porc jusqu'à ce qu'elles soient dorées d'un côté, environ 6 minutes, puis retournez la viande avec des pinces et faites cuire l'autre côté, environ 5 minutes de plus. Coupez les boulettes de viande près de l'os; la viande doit être légèrement rosée. Sers immédiatement.

Filet de porc glacé au balsamique avec roquette et parmigiano

Maiale al Balsamico avec Insalata

Donne 6 portions

Les filets de porc sont rapides à préparer et faibles en gras. Ici, des tranches de porc glacées s'accompagnent d'une salade de roquette croquante. Si vous ne trouvez pas de roquette, remplacez-la par du cresson.

2 longes de porc (environ 1 livre)

1 gousse d'ail hachée finement

1 cuillère à soupe de vinaigre balsamique

1 cuillère à café de miel

Sel et poivre noir fraîchement moulu

salade

2 cuillères à soupe d'huile d'olive

1 cuillère à soupe de vinaigre balsamique

Sel et poivre noir fraîchement moulu

6 tasses de roquette hachée, lavée et séchée

Une tranche de Parmigiano-Reggiano

1.Placer une grille au centre du four. Préchauffer le four à 450° F. Beurrer une plaque à pâtisserie pour contenir le porc.

deuxSéchez le porc avec du papier absorbant. Pliez les extrémités fines vers le bas pour obtenir une épaisseur uniforme. Placez les filets dans la poêle à un pouce de distance.

3.Dans un petit bol, mélanger l'ail, le vinaigre, le miel, le sel et le poivre au goût.

Quatre.Étalez le mélange sur la viande. Mettez le porc au four et laissez cuire 15 minutes. Versez 1/2 tasse d'eau autour de la viande. Griller 10 à 20 minutes de plus ou jusqu'à ce qu'ils soient dorés et tendres. (Le porc est cuit lorsque la température interne sur un thermomètre à lecture rapide atteint 150 °F.) Retirez le porc du four. Laissez-le dans la poêle et laissez-le reposer au moins 10 minutes.

5.Dans un grand bol, mélanger l'huile, le vinaigre, le sel et le poivre au goût. Ajouter la roquette et mélanger avec la sauce. Disposez la roquette au centre d'une grande assiette ou d'assiettes individuelles.

6. Hachez finement le porc et disposez-le autour des légumes. Vaporisez la poêle avec le jus. À l'aide d'un épluche-légumes rotatif, rasez de fines tranches de Parmigiano-Reggiano sur la roquette. Sers immédiatement.

Longe de porc aux herbes

Filet de Maiale à l'Erbe

Donne 6 portions

Les filets de porc sont désormais disponibles, généralement deux par paquet. Ils sont maigres et tendres voire trop cuits, bien que leur saveur soit très douce. Les grillades ajoutent de la saveur et peuvent être servies chaudes ou à température ambiante.

2 longes de porc (environ 1 livre)

2 cuillères à soupe d'huile d'olive

2 cuillères à soupe de sauge fraîche hachée

2 cuillères à soupe de basilic frais haché

2 cuillères à soupe de romarin frais haché

1 gousse d'ail hachée finement

Sel et poivre noir fraîchement moulu

1. Séchez la viande avec du papier absorbant. Disposez le filet de porc dans une assiette.

deuxDans un petit bol, mélanger l'huile, les herbes, l'ail, le sel et le poivre au goût. Frottez le mélange sur le filet. Couvrir et réfrigérer pendant au moins 1 heure ou jusqu'au lendemain.

3. Préchauffer le gril ou le gril. Griller le filet pendant 7 à 10 minutes ou jusqu'à ce qu'il soit doré. Retourner la viande avec des pinces et cuire encore 7 minutes, ou jusqu'à ce qu'un thermomètre à lecture instantanée inséré au centre indique 150°F. Saupoudrer de sel. Laissez la viande reposer 10 minutes avant de la trancher. Servez chaud ou à température ambiante.

Filet de porc calabrais au miel et au piment

viande 'ncantarata

Donne 6 portions

Plus que toute autre région d'Italie, les cuisiniers calabrais incorporent les piments dans leur cuisine. Les piments sont utilisés frais, séchés, moulus ou moulus en flocons ou en poudres comme le paprika ou le poivre de Cayenne.

À Castrovillari, mon mari et moi avons mangé à la Locanda di Alia, un élégant restaurant et auberge. Le restaurant le plus réputé de la région est tenu par les frères Alia. Gaetano est le chef et Pinuccio gère la devanture de la maison. Leur spécialité est le porc mariné au fenouil et aux piments dans une sauce chili au miel. Pinuccio a expliqué que la recette, vieille d'au moins deux cents ans, était à base de conserves de porc salées et affinées pendant plusieurs mois. C'est une façon plus rationnelle de procéder.

Le pollen de fenouil peut être trouvé dans la plupart des magasins spécialisés d'herbes et d'épices. (VoirSources.) Les graines de fenouil broyées peuvent être utilisées si le pollen n'est pas disponible.

2 longes de porc (environ 1 livre)

2 cuillères à soupe de miel

1 cuillère à café de sel

1 cuillère à café de pollen de fenouil ou de graines de fenouil broyées

une pincée de poivron rouge moulu

1 1/2 tasse de jus d'orange

2 cuillères à soupe de paprika

1. Placer une grille au centre du four. Préchauffer le four à 425° F. Beurrer une plaque à pâtisserie pour contenir le porc.

deux Pliez les extrémités fines du filet pour qu'elles soient d'égale épaisseur. Placez les filets dans la poêle à un pouce de distance.

3. Dans un petit bol, mélanger le miel, le sel, le pollen de fenouil et le poivron rouge moulu. Étalez le mélange sur la viande. Mettez le porc au four et laissez cuire 15 minutes.

Quatre. Versez du jus d'orange autour de la viande. Griller encore 10 à 20 minutes ou jusqu'à ce qu'ils soient dorés et tendres. (Le porc est cuit lorsque la température interne sur un thermomètre à lecture rapide atteint 150 °F.) Transférez le porc sur une planche à découper. Couvrir de papier aluminium et réserver au chaud le temps de préparer la sauce.

5. Placez la plaque à pâtisserie sur feu moyen. Ajouter les poivrons et cuire 2 minutes en raclant le fond de la poêle.

6. Trancher le porc et servir avec la sauce.

Rôti de porc aux pommes de terre et au romarin

Arista di Maiale avec pomme de terre

Donne 6 à 8 portions

Tout le monde aime ce rôti de porc ; c'est facile à préparer et les pommes de terre absorbent les saveurs du porc en cuisant ensemble dans la même poêle. Irrésistible.

1 longe de porc désossée coupée au centre (environ 3 livres)

2 cuillères à soupe de romarin frais haché

2 cuillères à soupe d'ail frais émincé

4 cuillères à soupe d'huile d'olive

Sel et poivre noir fraîchement moulu

2 livres de pommes de terre nouvelles, coupées en deux ou en quatre si elles sont grosses

1. Placer une grille au centre du four. Préchauffer le four à 425° F. Beurrer une plaque à pâtisserie pour contenir le porc et les pommes de terre.

deuxDans un petit bol, faites une pâte avec le romarin, l'ail, 2 cuillères à soupe d'huile et une généreuse quantité de sel et de poivre. Mélangez les pommes de terre dans la poêle avec les 2 cuillères à soupe d'huile restantes et la moitié de la pâte d'ail. Poussez les pommes de terre sur le côté et placez la viande, côté gras vers le haut, au centre de la poêle. Frottez ou étalez le reste de la pâte sur toute la viande.

3.Rôtir pendant 20 minutes. Retournez les pommes de terre. Réduire le feu à 350° F. Rôtir pendant 1 heure de plus, en retournant les pommes de terre toutes les 20 minutes. La viande est cuite lorsque la température interne du porc atteint 150°F sur un thermomètre à lecture rapide.

Quatre. Transférez la viande sur une planche à découper. Couvrir légèrement de papier d'aluminium et laisser reposer 10 minutes. Les pommes de terre doivent être dorées et tendres. Si nécessaire, augmentez le feu et faites frire un peu plus.

5.Coupez la viande en tranches et déposez-la sur une plaque chauffante entourée de pommes de terre. Servir chaud.

Filet de porc au citron

Maiale au citron

Donne 6 à 8 portions

Le filet de porc rôti au zeste de citron est un excellent dîner du dimanche. Je le sers avec des haricots cannellini mijotés et un légume vert comme du brocoli ou des choux de Bruxelles.

Beurrer un surlonge est assez facile si vous suivez les instructions ; sinon, va chez un boucher.

1 longe de porc désossée coupée au centre (environ 3 livres)

1 cuillère à café de zeste de citron

2 gousses d'ail finement hachées

2 cuillères à soupe de persil frais haché

2 cuillères à soupe d'huile d'olive

Sel et poivre noir fraîchement moulu

1/2 tasse de vin blanc sec

1. Placer une grille au centre du four. Préchauffer le four à 425° F. Beurrer une plaque à pâtisserie pour contenir la viande.

deux Dans un petit bol, mélanger le zeste de citron, l'ail, le persil, l'huile, le sel et le poivre au goût.

3. Séchez la viande avec du papier absorbant. Pour asseoir le cochon, placez-le sur une planche à découper. À l'aide d'un couteau long et tranchant, comme un couteau à désosser ou un couteau de chef, coupez le porc presque en deux dans le sens de la longueur, en vous arrêtant à environ 3/4 de pouce d'un côté long. Ouvrez la viande comme un livre. Étalez le mélange citron-ail sur le côté de la viande. Roulez le porc d'avant en arrière comme une saucisse et attachez-le avec de la ficelle de cuisine à intervalles de 2 pouces. Saupoudrer l'extérieur de sel et de poivre.

Quatre. Placez la viande, côté gras vers le haut, dans le moule préparé. Rôtir pendant 20 minutes. Réduire le feu à 350° F. Griller encore 40 minutes. Ajoutez le vin et faites cuire au four pendant 15 à 30 minutes supplémentaires, ou jusqu'à ce qu'un thermomètre à lecture instantanée indique 150°F.

5. Transférez le steak sur une planche à découper. Couvrir légèrement la viande de papier d'aluminium. Laisser reposer 10 minutes avant de trancher. Placez la poêle sur le feu moyen et réduisez légèrement le jus de poêle. Coupez le porc en tranches et disposez-le sur une assiette de service. Versez le jus sur la viande. Servir chaud.

Longe de porc aux pommes et grappa

Maiale avec Mele

Donne 6 à 8 portions

Les pommes et les oignons, ainsi que la grappa et le romarin, parfument cette savoureuse longe de porc rôti du Frioul-Vénétie Julienne.

1 longe de porc désossée coupée au centre (environ 3 livres)

1 cuillère à soupe de romarin frais émincé, et un peu plus pour la garniture

Sel et poivre noir fraîchement moulu

2 cuillères à soupe d'huile d'olive

2 pommes Granny Smith ou autres pommes acidulées, pelées et tranchées finement

1 petit oignon, finement haché

¼ tasse de grappa ou de brandy

1/2 tasse de vin blanc sec

1. Placer une grille au centre du four. Préchauffer le four à 350 ° F. Graisser légèrement une plaque à pâtisserie suffisamment grande pour contenir la viande.

deuxFrotter le porc avec du romarin, du sel et du poivre au goût et de l'huile d'olive. Mettez la viande côté gras vers le haut dans la poêle et parsemez de tranches de pomme et d'oignon.

3. Versez la grappa et le vin sur la viande. Griller pendant 1 heure et 15 minutes, ou jusqu'à ce qu'un thermomètre à lecture instantanée inséré au centre indique 150 °F. Transférer la viande sur une planche à découper et couvrir de papier d'aluminium pour la garder au chaud.

Quatre. Les pommes et les oignons doivent être tendres. Sinon, remettez le moule au four et faites cuire encore 15 minutes.

5. Une fois tendres, réduisez en purée les pommes et les oignons dans un robot culinaire ou un mélangeur. Mélanger jusqu'à consistance lisse. (Si nécessaire, ajoutez une cuillère à soupe ou deux d'eau tiède pour fluidifier le mélange.)

6. Coupez la viande en tranches et placez-la dans un plat chaud. Réserver la purée de pommes et d'oignons. Garnir de romarin frais. Servir chaud.

Rôti de porc aux noisettes et crème

Arrosto di Maiale alle Nocciole

Donne 6 à 8 portions

Il s'agit d'une variante de la recette de rôti de porc du Piémont qui est apparue pour la première fois dans mon livre, Italian Christmas Cooking. Ici, la crème accompagnée des noisettes enrichit la sauce.

1 longe de porc désossée coupée au centre (environ 3 livres)

2 cuillères à soupe de romarin frais haché

2 grosses gousses d'ail, hachées finement

2 cuillères à soupe d'huile d'olive

Sel et poivre noir fraîchement moulu

1 tasse de vin blanc sec

1/2 tasse de noisettes grillées, pelées et hachées grossièrement (voirComment rôtir et peler les noix)

1 mug fait maisonBouillon de viandeouSoupe au poulet, ou un bouillon de bœuf ou de poulet du commerce

1 1/2 tasse de crème épaisse

1. Placer une grille au centre du four. Préchauffer le four à 425° F. Beurrer une plaque à pâtisserie pour contenir la viande.

deux Dans un petit bol, mélanger le romarin, l'ail, l'huile, le sel et le poivre au goût. Placer la viande dans la poêle, côté gras vers le haut. Frottez le mélange d'ail sur tout le porc. Faites cuire la viande pendant 15 minutes.

3. Versez le vin sur la viande. Cuire pendant 45 à 60 minutes supplémentaires, ou jusqu'à ce que le porc atteigne 150 °F sur un thermomètre à lecture instantanée et que la viande soit tendre lorsqu'elle est percée avec une fourchette. Pendant ce temps, préparez les noisettes, si vous le souhaitez.

Quatre. Transférez la viande sur une planche à découper. Couvrir de papier d'aluminium pour garder au chaud.

5. Placez la casserole sur feu moyen sur la cuisinière et portez le jus à ébullition. Ajouter le bouillon et laisser mijoter 5 minutes en raclant et en remuant les morceaux dorés au fond de la casserole avec une cuillère en bois. Ajouter la crème et laisser mijoter jusqu'à ce qu'elle épaississe légèrement, environ 2 minutes supplémentaires. Ajoutez les noix concassées et retirez du feu.

6. Coupez la viande en tranches et disposez-les sur une assiette de service chaude. Versez la sauce sur le porc et servez chaud.

Longe de porc toscane

Crête Maiale

Donne 6 à 8 portions

Voici un rôti de porc classique à la toscane. La cuisson de la viande sur l'os la rend beaucoup plus savoureuse et les os sont également parfaits pour ronger.

3 grosses gousses d'ail

2 cuillères à soupe de romarin frais

Sel et poivre noir fraîchement moulu

2 cuillères à soupe d'huile d'olive

1 faux-filet avec os, coupé au centre, environ 4 livres

1 tasse de vin blanc sec

1. Placer une grille au centre du four. Préchauffer le four à 325 ° F. Beurrer une plaque à pâtisserie suffisamment grande pour contenir le rôti.

deuxHachez finement l'ail et le romarin, puis placez-les dans un petit bol. Ajoutez du sel et du poivre au goût et mélangez bien pour former une pâte. Placez le steak, côté gras vers le haut, dans la poêle. Utilisez un petit couteau pour faire des entailles profondes sur toute la surface du porc, puis versez le mélange dans les entailles. Frottez l'huile d'olive sur tout le steak.

3.Rôtir pendant 1 heure 15 minutes ou jusqu'à ce que la viande atteigne une température interne de 150 °F sur un thermomètre à lecture instantanée. Transférez la viande sur une planche à découper. Couvrir de papier d'aluminium pour garder au chaud. Laisser reposer 10 minutes.

Quatre. Placez la casserole à feu doux sur la cuisinière. Ajoutez le vin et faites cuire, en raclant et en remuant les morceaux dorés au fond de la casserole avec une cuillère en bois, jusqu'à ce qu'ils soient légèrement réduits, environ 2 minutes. Versez le jus au tamis dans un bol et écumez le gras. Réchauffer si nécessaire.

5.Coupez la viande en tranches et disposez-la sur une assiette de service chaude. Servir chaud avec le jus de cuisson.

Épaule de porc rôtie au fenouil

Porchetta

Donne 12 portions

Voici ma version du merveilleux rôti de porc connu sous le nom de porchetta, vendu dans toute l'Italie centrale, notamment dans le Latium, l'Ombrie et les Abruzzes. Les côtelettes de porc sont vendues dans des camions spécialisés, que vous pouvez commander en sandwich ou enveloppées dans du papier pour emporter. Bien que la viande soit délicieuse, la peau de porc croustillante est la meilleure partie.

Le steak est cuit longtemps et à haute température car il est très dense. La teneur élevée en matières grasses maintient la viande humide et la peau brunit et devient croustillante. L'épaule de porc peut être remplacée par du jambon frais.

1 (7 lb) épaule de porc rôtie

8-12 gousses d'ail

2 cuillères à soupe de romarin frais haché

1 cuillère à soupe de graines de fenouil

1 cuillère à soupe de sel

1 cuillère à café de poivre noir fraîchement moulu

¹1/4 tasse d'huile d'olive

1. Sortez la viande du réfrigérateur environ 1 heure avant de commencer la cuisson.

deuxHachez finement l'ail, le romarin, le fenouil et le sel, puis ajoutez les épices dans un petit bol. Ajouter le poivre et l'huile pour former une pâte lisse.

3. À l'aide d'un petit couteau, faites une entaille profonde à la surface du porc. Mettez la pâte dans les trous.

Quatre. Placez une grille dans le tiers inférieur du four. Préchauffer le four à 350 ° F. Une fois terminé, placez le steak au four et laissez cuire 3 heures. Retirez l'excès de graisse avec une cuillère. Griller 1 à 1 1/2 heures de plus ou jusqu'à ce que la température atteigne 160 °F sur un thermomètre à lecture instantanée. Lorsque la viande est cuite, la graisse sera croustillante et brun foncé.

5. Transférez la viande sur une planche à découper. Couvrir de papier d'aluminium pour garder au chaud et laisser lever 20 minutes. Trancher et servir chaud ou à température ambiante.

Cochon rôti

Maialino Arrosto

Donne 8 à 10 portions

Un porcelet est un porcelet qui n'a pas été autorisé à manger de la nourriture pour porcs adultes. Aux États-Unis, les porcelets pèsent généralement entre 15 et 20 livres, bien qu'en Italie, ils pèsent la moitié de cette taille. Même au poids maximum, il n'y a vraiment pas beaucoup de viande dans un cochon de lait, alors ne prévoyez pas de servir plus de huit ou dix convives. Assurez-vous également d'avoir une très grande rôtissoire qui contiendra le cochon de lait entier, qui mesurera environ 30 pouces de long, et assurez-vous que votre four s'adapte à la poêle. Tout bon boucher devrait être en mesure de vous procurer un cochon de lait frais, mais faites vos recherches avant de planifier.

La cuisine sarde est célèbre pour son cochon de lait, mais j'en ai mangé dans de nombreux endroits en Italie. Mon meilleur souvenir est celui d'un déjeuner mémorable à la cave Majo di Norante dans les Abruzzes.

1 cochon de lait, environ 15 livres

4 gousses d'ail

2 cuillères à soupe de persil frais haché

1 cuillère à soupe de romarin frais moulu

1 cuillère à soupe de sauge fraîche hachée

1 cuillère à café de baies de genièvre hachées

Sel et poivre noir fraîchement moulu

6 cuillères à soupe d'huile d'olive

2 feuilles de laurier

1 tasse de vin blanc sec

Pommes, oranges ou autres fruits pour la décoration (facultatif)

1. Placez une grille dans le tiers inférieur du four. Préchauffer le four à 425° F. Beurrer une plaque à pâtisserie pour contenir le porc.

deuxLavez bien le porc à l'intérieur et à l'extérieur et séchez-le avec du papier absorbant.

3. Hachez l'ail, le persil, le romarin, la sauge et les baies de genièvre, puis placez les épices dans un petit bol. Ajoutez

beaucoup de sel et de poivre fraîchement moulu. Ajoutez deux cuillères à soupe d'huile.

Quatre. Dans la poêle préparée, placez le porc sur le côté sur une grande grille et étalez le mélange d'herbes dans la cavité du corps. Ajoutez les feuilles de laurier. Coupez des fentes d'environ 1/2 pouce de profondeur des deux côtés de la colonne vertébrale. Frottez le reste de l'huile sur tout le porc. Couvrir les oreilles et la queue de papier d'aluminium. (Si vous souhaitez servir le cochon entier avec une pomme ou un autre fruit dans la bouche, maintenez la bouche ouverte avec une boule de papier d'aluminium de la taille du fruit.) Assaisonnez l'extérieur avec du sel et du poivre.

5.Faites cuire le porc pendant 30 minutes. Réduire le feu à 350 ° F. Déglacer avec le vin. Rôtir pendant 2 à 2 heures et demie supplémentaires, ou jusqu'à ce qu'un thermomètre à lecture instantanée inséré dans la partie charnue du quartier arrière enregistre 170 °F. Arrosez la poêle de jus toutes les 20 minutes.

6.Transférez le porc sur une grande planche à découper. Couvrir de papier d'aluminium et laisser reposer 30 minutes. Retirez le capuchon en aluminium et la boule en aluminium de la bouche, le cas échéant. Remplacez la boule de papier d'aluminium par des fruits si vous en utilisez. Transférer dans une assiette de service et servir chaud.

7. Écumez le gras du jus de cuisson et faites chauffer à feu doux. Versez le jus sur la viande. Sers immédiatement.

Steak de longe de porc désossé aux épices

Maiale Porchetta

Donne 6 à 8 portions

La longe de porc désossée est rôtie avec les mêmes épices que celles utilisées dans la porchetta (porc rôti à la broche) dans de nombreuses régions du centre de l'Italie. Après un court temps de cuisson à feu vif, la température du four diminue, la viande reste donc moelleuse et juteuse.

4 gousses d'ail

1 cuillère à soupe de romarin frais

6 feuilles de sauge fraîche

6 baies de genièvre

1 cuillère à café de sel

1/2 cuillère à café de poivre noir fraîchement moulu

1 rôti de porc désossé coupé au centre, environ 3 livres

Huile d'olive vierge extra

1 tasse de vin blanc sec

1. Placer une grille au centre du four. Préchauffer le four à 450° F. Beurrer une plaque à pâtisserie pour contenir le porc.

deuxHachez finement l'ail, le romarin, la sauge et les baies de genièvre. Mélangez le mélange d'herbes, le sel et le poivre.

3. À l'aide d'un grand couteau bien aiguisé, coupez la viande dans le sens de la longueur, en la laissant coller sur un côté. Ouvrez la viande comme un livre et étalez les deux tiers du mélange d'épices sur la viande. Fermez la viande et attachez-la avec de la ficelle à intervalles de 2 pouces. Frotter l'extérieur avec le reste du mélange d'épices. Ajoutez la viande dans la poêle. Arroser d'huile d'olive.

Quatre. Faites cuire le porc pendant 10 minutes. Réduire le feu à 300°F et cuire encore 60 minutes ou jusqu'à ce que le porc atteigne une température interne de 150°F.

5. Retirer le steak dans une assiette de service et couvrir de papier d'aluminium. Laisser reposer 10 minutes.

6. Ajoutez le vin dans la poêle et faites chauffer à feu moyen. Cuire en grattant les morceaux bruns dans la poêle avec une cuillère

en bois, jusqu'à ce que le jus réduise et épaississe. Tranchez le porc et déposez-le sur le jus de cuisson. Servir chaud.

Épaule de porc grillée au lait

Maiale al Latte

Donne 6 à 8 portions

En Lombardie et en Vénétie, le bœuf, le porc et le poulet sont parfois cuits dans du lait. Cela gardera la viande tendre et, une fois cuite, le lait formera une sauce brune crémeuse que vous pourrez servir avec la viande.

Les légumes, le bacon et le vin ajoutent de la saveur. J'utilise un steak désossé ou désossé pour ce plat car il est parfait pour une cuisson lente et humide. La viande est cuite sur la cuisinière, il n'est donc pas nécessaire d'allumer le four.

1 épaule de porc désossée ou rôtie (environ 3 livres)

4 onces de pancetta, finement hachée

1 carotte finement hachée

1 petite côte de céleri miniature

1 oignon moyen, finement haché

1 litre de lait

Sel et poivre noir fraîchement moulu

1/2 tasse de vin blanc sec

1. Dans une grande cocotte ou une autre marmite profonde et lourde avec un couvercle hermétique, mélanger le porc, la pancetta, les carottes, le céleri, l'oignon, le lait, le sel et le poivre au goût. Portez le liquide à ébullition à feu moyen.

deux Couvrir partiellement la casserole et cuire à feu moyen, en la retournant de temps en temps, pendant environ 2 heures ou jusqu'à ce que la viande soit tendre lorsqu'on la pique avec une fourchette.

3. Transférez la viande sur une planche à découper. Couvrir de papier d'aluminium pour garder au chaud. Augmentez le feu sous la casserole et laissez cuire jusqu'à ce que le liquide soit réduit et légèrement doré. Passer le jus au tamis dans un bol, puis reverser le liquide dans la casserole.

Quatre. Versez le vin dans la casserole et portez à ébullition en raclant et en remuant tous les morceaux dorés avec une cuillère en bois. Coupez le porc en tranches et placez-le sur une assiette chaude. Versez le liquide de cuisson dessus. Servir chaud.

Épaule de porc braisée aux raisins

Maiale tout 'Uva

Donne 6 à 8 portions

L'épaule ou la longe de porc conviennent particulièrement au ragoût. Malgré la longue cuisson, il reste bien moelleux. J'avais l'habitude de faire cette recette sicilienne avec du filet de porc, mais maintenant je trouve le filet trop maigre et l'épaule a plus de saveur.

1 livre d'oignons perlés

3 livres d'épaule ou de mégot de porc désossé, roulé et ficelé

2 cuillères à soupe d'huile d'olive

Sel et poivre noir fraîchement moulu

1 1/4 tasse de vinaigre de vin blanc

1 livre de raisins verts, dénoyautés, tiges enlevées (environ 3 tasses)

1. Faites bouillir une grande casserole d'eau. Ajouter les oignons et cuire 30 secondes. Égoutter et refroidir sous l'eau froide courante.

deuxÀ l'aide d'un couteau d'office bien aiguisé, rasez le bout des racines. Ne coupez pas les extrémités trop profondément, car les oignons se désagrègeraient pendant la cuisson. Retirez les peaux.

3.Dans une cocotte suffisamment grande pour contenir la viande ou dans une autre casserole profonde et lourde avec un couvercle hermétique, faites chauffer l'huile à feu moyen-vif. Séchez le porc avec du papier absorbant. Ajouter le porc dans la casserole et bien saisir de tous les côtés, environ 20 minutes. Inclinez la casserole et utilisez une cuillère pour écumer la graisse. Assaisonnez le porc avec du sel et du poivre.

Quatre. Ajoutez le vinaigre et portez à ébullition en grattant les morceaux dorés du fond de la casserole avec une cuillère en bois. Ajouter les oignons et 1 tasse d'eau. Réduire le feu à doux et laisser mijoter pendant 1 heure.

5.Ajoutez les raisins. Cuire encore 30 minutes ou jusqu'à ce que la viande soit très tendre lorsqu'on la pique avec une fourchette. Transférez la viande sur une planche à découper. Couvrir de papier aluminium pour garder au chaud et laisser reposer 15 minutes.

6.Coupez le porc en tranches et placez-le sur une assiette chaude. Verser sur la sauce aux raisins et à l'oignon et servir aussitôt.

Épaule de porc à la bière

Maiale à la Birra

Donne 8 portions

Les longes de porc fraîches sont cuites de cette façon dans le Trentin-Haut-Adige, mais comme cette coupe n'est pas largement disponible aux États-Unis, j'utilise les mêmes assaisonnements pour l'épaule avec os. À la fin de la cuisson, il restera beaucoup de graisse, mais elle pourra facilement écumer la surface du liquide de cuisson. Mieux encore, faites cuire le porc la veille de servir et réfrigérez séparément la viande et le jus de cuisson. La graisse va durcir et s'enlever facilement. Réchauffez le porc dans le liquide de braisage avant de servir.

5 à 7 livres d'épaule de porc avec os (pique-nique ou Boston Butt)

Sel et poivre noir fraîchement moulu

2 cuillères à soupe d'huile d'olive

1 oignon moyen, finement haché

2 gousses d'ail finement hachées

2 brins de romarin frais

2 feuilles de laurier

12 onces de bière

1. Séchez le porc avec du papier absorbant. Saupoudrer la viande de sel et de poivre.

deuxDans une grande cocotte ou une autre casserole profonde et lourde avec un couvercle hermétique, faites chauffer l'huile à feu moyen. Ajouter le porc dans la casserole et bien saisir de tous les côtés, environ 20 minutes. Coupez tout sauf 1 ou 2 cuillères à soupe de graisse.

3. Répartir l'oignon, l'ail, le romarin et les feuilles de laurier sur toute la viande et cuire 5 minutes. Ajouter la bière et porter à ébullition.

Quatre. Couvrir la marmite et rôtir, en retournant la viande de temps en temps, pendant 2 1/2 à 3 heures, ou jusqu'à ce que la viande soit tendre lorsqu'on la perce avec un couteau.

5. Filtrez le jus de cuisson et jetez la graisse. Trancher le porc et servir avec le jus de cuisson. Servir chaud.

Côtelettes d'agneau au vin blanc

Braciole di Agnello au vin blanc

Donne 4 portions

Voici une façon simple de préparer des côtelettes d'agneau, qui peuvent être préparées avec des coupes tendres de longe ou de côtes, ou avec des côtelettes d'épaule plus moelleuses mais beaucoup moins chères. Pour une meilleure saveur, coupez la viande de l'excès de graisse et faites cuire les boulettes de viande jusqu'à ce qu'elles soient roses au centre.

2 cuillères à soupe d'huile d'olive

8 longes ou côtes d'agneau, 1 pouce d'épaisseur, parées

4 gousses d'ail légèrement hachées

3 ou 4 brins de romarin (2 pouces)

Sel et poivre noir fraîchement moulu

1 tasse de vin blanc sec

1. Dans une poêle suffisamment grande pour contenir confortablement les boulettes de viande en une seule couche, chauffer l'huile à feu moyen-vif. Lorsque l'huile est chaude,

égouttez les boulettes de viande. Assaisonnez les boulettes de viande avec du sel et du poivre, puis placez-les dans la poêle. Cuire jusqu'à ce que les boulettes de viande soient dorées, environ 4 minutes. Saupoudrer d'ail et de romarin autour de la viande. Retournez les boulettes de viande avec des pinces et faites cuire l'autre côté pendant environ 3 minutes. Transférer les boulettes de viande dans une assiette.

deuxAjoutez le vin dans la poêle et portez à ébullition. Cuire en raclant et en remuant les morceaux dorés au fond de la casserole, jusqu'à ce que le vin ait réduit et légèrement épaissi, environ 2 minutes.

3.Remettez les boulettes de viande dans la poêle et laissez cuire encore 2 minutes en les arrosant une ou deux fois avec la sauce jusqu'à ce qu'elles soient coupées près de l'os, jusqu'à ce qu'elles soient roses. Transférez les boulettes de viande dans une assiette, versez le jus de cuisson sur les boulettes de viande et servez aussitôt.

Côtelettes d'agneau aux câpres, citron et sauge

Braciole di Agnello avec Capperi

Donne 4 portions

Vecchia Roma est l'un de mes restaurants romains préférés. Aux abords du vieux ghetto, il y a un joli jardin extérieur où l'on peut manger par temps chaud et ensoleillé, mais j'apprécie également les salles à manger intérieures confortables lorsqu'il fait froid ou qu'il pleut. Cet agneau est inspiré d'un plat que j'ai essayé là-bas à base de petits nuggets d'agneau. Je l'ai plutôt appliqué sur des boulettes de viande molles, car elles sont abondantes ici.

1 cuillère à soupe d'huile d'olive

8 longes ou côtes d'agneau, 1 pouce d'épaisseur, parées

Sel et poivre noir fraîchement moulu

1 1/2 tasse de vin blanc sec

3 cuillères à soupe de jus de citron frais

3 cuillères à soupe de câpres, lavées et hachées

6 feuilles de sauge fraîche

1. Chauffer l'huile dans une grande poêle à feu moyen-vif. Séchez les boulettes de viande. Lorsque l'huile est chaude, saupoudrez-les de sel et de poivre, puis déposez les boulettes de viande dans la poêle. Cuire jusqu'à ce que les boulettes de viande soient dorées, environ 4 minutes. Retournez les boulettes de viande avec des pinces et faites cuire l'autre côté pendant environ 3 minutes. Transférer les boulettes de viande dans une assiette.

deux Retirez le gras de la poêle. Réduire le feu à doux. Mélangez le vin, le jus de citron, les câpres et la sauge dans une casserole. Porter à ébullition et cuire 2 minutes ou jusqu'à ce qu'un sirop léger se forme.

3. Remettez les boulettes de viande dans la poêle et retournez-les une ou deux fois jusqu'à ce qu'elles soient bien chaudes et roses lorsqu'elles sont coupées près de l'os. Sers immédiatement.

Côtelettes d'agneau croustillantes

Braciolette croustillante

Donne 4 portions

A Milan, j'ai mangé des boulettes de chèvre ainsi préparées, accompagnées de cœurs d'artichauts frits dans la même pâte croustillante. Les Romains utilisent de petites côtelettes d'agneau à la place du chèvre et n'utilisent pas de fromage. Quoi qu'il en soit, une salade composée croustillante est un excellent plat d'accompagnement.

8 à 12 côtelettes d'agneau, d'environ 3/4 po d'épaisseur, bien parées

2 gros œufs

Sel et poivre noir fraîchement moulu

1 1/4 tasse de chapelure sèche

1/2 tasse de Parmigiano-Reggiano fraîchement râpé

huile d'olive pour cuisiner

1. Placez les boulettes de viande sur une planche à découper et pilez doucement la viande jusqu'à ce qu'elle atteigne environ 1/2 pouce d'épaisseur.

deuxDans un plat peu profond, fouettez les œufs avec du sel et du poivre au goût. Mélangez la chapelure avec le fromage sur une feuille de papier ciré.

3.Trempez les boulettes de viande une à une dans les œufs, puis roulez-les dans la chapelure en battant bien dans la chapelure.

Quatre. Tournez le four au minimum. Versez environ 1/2 pouce d'huile dans une poêle à frire. Faites chauffer l'huile à feu moyen-vif jusqu'à ce qu'une partie du mélange d'œufs cuise rapidement lorsqu'on la verse dans l'huile. À l'aide de pinces, déposez délicatement quelques boulettes de viande dans l'huile sans trop remplir la poêle. Cuire jusqu'à ce qu'ils soient dorés et croustillants, 3 à 4 minutes. Retourner les boulettes de viande avec des pinces et saisir 3 minutes. Séchez les boulettes de viande sur du papier absorbant. Gardez les boulettes de viande cuites au chaud au four pendant que vous faites cuire le reste. Servir chaud.

Côtelettes d'agneau aux artichauts et olives

Costolette d'Agnello avec Carciofi et Olive

Donne 4 portions

Tous les ingrédients de ce plat sont cuits dans la même poêle pour mélanger délicatement les saveurs complémentaires de l'agneau, des artichauts et des olives. Des légumes brillants comme des carottes ou des tomates rôties constitueraient un excellent plat d'accompagnement.

2 cuillères à soupe d'huile d'olive

8 morceaux de côtes ou de longe d'agneau, d'environ 1 pouce d'épaisseur, parés

Sel et poivre noir fraîchement moulu au goût.

2 cuillères à soupe d'huile d'olive

3/4 tasse de vin blanc sec

8 petits ou 4 artichauts moyens, parés et coupés en huitièmes

1 gousse d'ail hachée finement

1 1/2 tasse de petites olives noires molles, comme Gaeta

1 cuillère à soupe de persil frais haché

1. Faites chauffer l'huile dans une poêle suffisamment grande pour contenir les boulettes de viande en une seule couche à feu moyen. Séchez l'agneau. Lorsque l'huile est chaude, saupoudrez les boulettes de viande de sel et de poivre, puis placez-les dans la poêle. Cuire jusqu'à ce que les boulettes de viande soient dorées, 3 à 4 minutes. À l'aide de pinces, retournez les morceaux pour faire dorer l'autre côté, environ 3 minutes. Transférer les boulettes de viande dans une assiette.

deux Baissez le feu à moyen-doux. Ajouter le vin et porter à ébullition. Cuire 1 minute. Ajoutez les artichauts, l'ail, le sel et le poivre au goût. Couvrir la poêle et cuire 20 minutes ou jusqu'à ce que les artichauts soient tendres.

3. Ajoutez les olives et le persil et laissez cuire encore 1 minute. Remettez les côtelettes dans la poêle et faites cuire en retournant l'agneau une ou deux fois jusqu'à ce qu'il soit bien chaud. Sers immédiatement.

Côtelettes d'agneau à la sauce tomate, câpres et anchois

Costelette à la sauce d'Agnello

Donne 4 portions

La sauce tomate épicée relève ces boulettes de viande à la calabraise. Vous pouvez également cuisiner des côtelettes de porc de cette façon.

2 cuillères à soupe d'huile d'olive

8 carrés ou longe d'agneau, d'environ 3/4 po d'épaisseur, parés

6 à 8 tomates italiennes, pelées, épépinées et coupées en dés

4 filets d'anchois hachés

1 cuillère à soupe de câpres, lavées et hachées

2 cuillères à soupe de persil frais haché

1. Dans une poêle suffisamment grande pour contenir confortablement les boulettes de viande en une seule couche, chauffer l'huile à feu moyen. Lorsque l'huile est chaude, égouttez les boulettes de viande. Assaisonnez les boulettes de viande avec

du sel et du poivre, puis placez-les dans la poêle. Cuire jusqu'à ce que les boulettes de viande soient dorées, environ 4 minutes. Retournez les boulettes de viande avec des pinces et faites cuire l'autre côté pendant environ 3 minutes. Transférer les boulettes de viande dans une assiette.

deuxAjouter les tomates, les anchois et les câpres dans la poêle. Ajoutez une pincée de sel et de poivre au goût. Cuire pendant 5 minutes ou jusqu'à ce que le mélange épaississe légèrement.

3.Remettez les boulettes de viande dans la poêle et faites-les cuire en les retournant une ou deux fois dans la sauce jusqu'à ce qu'elles soient coupées près de l'os, jusqu'à ce qu'elles soient roses et bien chaudes. Saupoudrer de persil et servir aussitôt.

Brûlez-vous les doigts côtelettes d'agneau

Agnello vers Scottadito

Donne 4 portions

Dans la recette qui a inspiré ce plat, tirée d'un vieux livre de cuisine ombrienne, la graisse de prosciutto finement hachée parfume l'agneau. Aujourd'hui, la plupart des cuisiniers remplacent l'huile d'olive. Les côtelettes d'agneau conviennent également.

Le nom vient probablement de l'idée que les boulettes de viande sont si délicieuses qu'on ne peut s'empêcher de les manger tout de suite : chaudes, fraîchement sorties du grill ou de la poêle.

[1] 1/4 tasse d'huile d'olive

2 gousses d'ail finement hachées

1 cuillère à soupe de romarin frais moulu

1 cuillère à café de thym frais haché

8 côtelettes d'agneau d'environ 1 pouce d'épaisseur, parées

Sel et poivre noir fraîchement moulu

1. Dans un petit bol, mélanger l'huile, l'ail, les herbes, le sel et le poivre au goût. Enrober l'agneau du mélange. Couvrir et réfrigérer 1 heure.

deuxPlacez le gril ou la plaque chauffante à environ 5 pouces de la source de chaleur. Préchauffer le gril ou le gril.

3. Écumez un peu de marinade. Griller ou griller les galettes jusqu'à ce qu'elles soient dorées et croustillantes, environ 5 minutes. À l'aide de pinces, retournez les galettes et faites cuire jusqu'à ce qu'elles soient dorées et légèrement roses au centre, environ 5 minutes de plus. Servir chaud.

Agneau grillé, façon Basilicate

Agnello à Spiedo

Donne 4 portions

La Basilicate est peut-être mieux connue pour sa représentation du Christ de Carl Levi détenu à Ebola. L'auteur dresse un sombre portrait du pays avant la Seconde Guerre mondiale, lorsque de nombreux prisonniers politiques furent envoyés en exil. Aujourd'hui, la Basilicate, bien qu'encore peu peuplée, est prospère et de nombreux touristes y affluent à la recherche des belles plages proches de Maratea.

Le porc et l'agneau sont des viandes typiques de cette région, combinées dans cette recette. Enrouler la pancetta autour des cubes d'agneau la rend croustillante et délicieuse. Il garde l'agneau humide et ajoute de la saveur pendant le rôtissage.

1 1/2 livre de gigot d'agneau désossé, coupé en morceaux de 2 pouces

2 gousses d'ail finement hachées

1 cuillère à soupe de romarin frais moulu

Sel et poivre noir fraîchement moulu

4 onces de pancetta, tranchée finement

1/4 tasse d'huile d'olive

2 cuillères à soupe de vinaigre de vin rouge

1. Placez le barbecue ou le grill à environ 5 pouces de la source de chaleur. Préchauffer le gril ou le gril.

deuxDans un grand bol, mélanger l'agneau avec l'ail, le romarin, le sel et le poivre au goût.

3. Déballez les tranches de bacon. Enroulez une tranche de pancetta autour de chaque morceau d'agneau.

Quatre. Enfilez l'agneau sur des brochettes en bois, fixez la pancetta avec une épingle. Assemblez les pièces sans les déplacer. Mélangez l'huile et le vinaigre dans un petit bol. Enrober l'agneau du mélange.

5. Griller ou brocher, en retournant de temps en temps, jusqu'à ce qu'il soit cuit au goût ; 5-6 minutes pour les brochettes à feu moyen. Servir chaud.

Brochettes d'agneau grillées

Arrosticini

Donne 4 portions

Dans les Abruzzes, les petits morceaux d'agneau sont marinés, enfilés sur des brochettes en bois et grillés sur un feu brûlant. Les brochettes rôties sont servies debout dans une grande tasse ou un pichet, et toutes sont servies avec l'agneau mangé directement des bâtonnets. Ils sont idéaux pour un buffet, accompagnés de poivrons rôtis ou en compote.

2 gousses d'ail

Sel

1 livre de gigot d'agneau, paré et coupé en morceaux de 3/4 de pouce

3 cuillères à soupe d'huile d'olive extra vierge

2 cuillères à soupe de menthe fraîche moulue

1 cuillère à café de thym frais haché

poivre noir fraîchement moulu

1.Hachez très finement l'ail. Saupoudrez l'ail d'une pincée de sel et écrasez-le en une pâte fine avec le côté d'un grand et lourd couteau de chef.

deuxDans un grand bol, mélanger l'agneau avec la pâte d'ail, l'huile, les herbes, le sel et le poivre au goût. Couvrir et laisser mariner à température ambiante pendant 1 heure ou au réfrigérateur pendant plusieurs heures ou toute la nuit.

3.Placez le barbecue ou le grill à environ 5 pouces de la source de chaleur. Préchauffer le gril ou le gril.

Quatre. Enfilez la viande sur les brochettes. Assemblez les pièces sans les déplacer. Griller ou griller l'agneau pendant 3 minutes ou jusqu'à ce qu'il soit doré. Retournez la viande avec des pinces et laissez cuire encore 2-3 minutes, ou jusqu'à ce que l'extérieur soit doré mais que le centre soit encore rose. Servir chaud.

Ragoût d'agneau au romarin, menthe et vin blanc

Agnel dans Umid

Donne 4 portions

L'épaule d'agneau est idéale pour braiser. La viande a suffisamment d'humidité pour résister à une cuisson longue et lente, et même si elle est dure si elle n'est pas assez cuite, elle est tendre dans le ragoût. Si seule une épaule d'agneau avec os est disponible, elle peut être adaptée aux recettes de ragoût. Prévoyez une livre ou deux supplémentaires pour la viande avec os, selon son degré de désossation. Rôtir l'agneau avec l'os pendant environ 30 minutes de plus que sans os, ou jusqu'à ce que la viande se détache de l'os.

2 1/2 livres d'épaule d'agneau désossée, coupée en morceaux de 2 pouces

1/4 tasse d'huile d'olive

Sel et poivre noir fraîchement moulu au goût.

1 gros oignon haché

4 gousses d'ail, hachées

2 cuillères à soupe de romarin frais haché

2 cuillères à soupe de persil frais haché

1 cuillère à soupe de menthe fraîche moulue

1 1/2 tasse de vin blanc sec

Environ 1/2 tasse de bouillon de bœuf (Bouillon de viande) ou de l'eau

2 cuillères à soupe de concentré de tomate

1. Dans une grande cocotte ou une autre casserole profonde et lourde avec un couvercle hermétique, faites chauffer l'huile à feu moyen. Séchez l'agneau avec du papier absorbant. Placez autant de morceaux d'agneau dans la casserole qu'il y en a confortablement en une seule couche. Cuire au four, en remuant souvent, jusqu'à ce qu'ils soient dorés de tous les côtés, environ 20 minutes. Transférer l'agneau rôti dans une assiette. Saupoudrez de sel et de poivre. Faites cuire le reste de l'agneau de la même manière.

deux Lorsque toute la viande est dorée, retirez l'excédent de gras avec une cuillère. Ajouter l'oignon, l'ail et les herbes et bien mélanger. Cuire jusqu'à ce que l'oignon soit fané, environ 5 minutes.

3. Ajoutez le vin et faites cuire à feu doux, en raclant et en remuant les morceaux dorés au fond de la casserole. Cuire 1 minute.

Quatre. Ajoutez le bouillon et le concentré de tomates. Réduire le feu à doux. Couvrir et cuire 1 heure, en remuant de temps en temps, ou jusqu'à ce que l'agneau soit tendre. Si la sauce est trop sèche, ajoutez un peu d'eau. Servir chaud.

Ragoût d'agneau de l'Ombrie avec purée de pois chiches

Agnelo del Colle

Donne 6 portions

En Italie, la polenta et la purée de pommes de terre sont souvent ajoutées aux ragoûts. J'ai donc été surpris lorsqu'en Ombrie, ce ragoût était servi avec de la purée de pois chiches. Les pois chiches en conserve fonctionnent bien, ou vous pouvez faire cuire les pois chiches séchés à l'avance.

2 cuillères à soupe d'huile d'olive

3 livres d'épaule d'agneau désossée, coupée en morceaux de 2 pouces

Sel et poivre noir fraîchement moulu

2 gousses d'ail finement hachées

1 tasse de vin blanc sec

1 1/2 tasses de tomates fraîches ou en conserve hachées

1 paquet (10 onces) de cèpes, tranchés

2 boîtes (16 oz) de pois chiches ou 5 tasses de pois chiches cuits

Huile d'olive vierge extra

1. Dans une grande cocotte ou une autre casserole profonde et lourde avec un couvercle hermétique, faites chauffer l'huile à feu moyen. Placez suffisamment de morceaux d'agneau dans la casserole pour qu'ils tiennent confortablement en une seule couche. Cuire au four, en remuant de temps en temps, jusqu'à ce qu'il soit doré de tous les côtés, environ 20 minutes. Transférer l'agneau rôti dans une assiette. Saupoudrez de sel et de poivre. Faites cuire le reste de l'agneau de la même manière.

deux Lorsque toute la viande est dorée, retirez l'excès de graisse de la poêle. Étalez l'ail dans la poêle et faites cuire 1 minute. Ajoutez le vin. Prélever avec une cuillère en bois et mélanger aux morceaux dorés au fond de la casserole. Porter à ébullition et cuire 1 minute.

3. Remettez l'agneau dans la marmite. Ajouter les tomates et les champignons et porter à ébullition. Réduire le feu à doux. Couvrir et cuire, en remuant de temps en temps, pendant 1 1/2 heure ou jusqu'à ce que l'agneau soit tendre et que la sauce ait réduit. S'il y a trop de liquide, retirez le couvercle au cours des 15 dernières minutes.

Quatre. Avant de servir, faites chauffer les pois chiches et leur liquide dans une casserole moyenne. Transférez ensuite dans un robot culinaire pour réduire en purée ou écraser avec un presse-purée. Ajoutez un peu d'huile d'olive extra vierge et du poivre noir au goût. Réchauffer si nécessaire.

5.Pour servir, disposez quelques pois chiches dans chaque assiette. Versez le ragoût d'agneau sur la purée. Servir chaud.

agneau façon chasseur

Agnello à la Cacciatora

Donne 6 à 8 portions

Les Romains préparent ce ragoût d'agneau avec de l'Abacchio, un agneau si jeune qu'il n'a jamais mangé d'herbe. Je pense que la saveur de l'agneau mûr se marie mieux avec le romarin haché épicé, le vinaigre, l'ail et les anchois qui terminent la sauce.

4 livres d'épaule d'agneau avec os, coupée en morceaux de 2 pouces

Sel et poivre noir fraîchement moulu

2 cuillères à soupe d'huile d'olive

4 gousses d'ail, hachées

4 feuilles de sauge fraîche

2 brins (2 pouces) de romarin frais

1 tasse de vin blanc sec

6 filets d'anchois

1 cuillère à café de feuilles de romarin frais finement hachées

2-3 cuillères à soupe de vinaigre de vin

1. Séchez les morceaux avec du papier absorbant. Saupoudrez-les de sel et de poivre.

deuxDans une grande cocotte ou une autre casserole profonde et lourde avec un couvercle hermétique, faites chauffer l'huile à feu moyen. Ajoutez suffisamment d'agneau pour tenir confortablement dans une seule couche. Faire sauter pour bien dorer de tous les côtés. Transférer la viande frite dans une assiette. Continuez avec le reste de l'agneau.

3. Lorsque tout l'agneau est doré, utilisez une cuillère pour retirer la majeure partie du gras de la poêle. Ajoutez la moitié de l'ail, de la sauge et du romarin et remuez. Ajoutez le vin et laissez cuire 1 minute en raclant et en remuant les morceaux dorés au fond de la casserole avec une cuillère en bois.

Quatre. Remettez les morceaux d'agneau dans la poêle. Réduire le feu à doux. Couvrir et cuire, en remuant de temps en temps, pendant 2 heures ou jusqu'à ce que l'agneau soit tendre et se détache des os. Si le liquide s'évapore trop vite, ajoutez un peu d'eau.

5. Pour préparer le pesto : Hachez les anchois, le romarin et le reste de l'ail. Placez-les dans un petit bol. Ajoutez suffisamment de vinaigre pour faire une pâte.

6. Incorporer le pesto au ragoût et laisser mijoter pendant 5 minutes. Servir chaud.

Ragoût d'agneau, pommes de terre et tomates

Braisé à l'Agnello et à la Verdure

Donne 4 à 6 portions

Bien que j'utilise habituellement de l'épaule d'agneau pour braiser, j'utilise parfois les restes d'un gigot ou d'un gigot. Ces morceaux ont une texture légèrement plus moelleuse, mais nécessitent moins de cuisson et parviennent quand même à bien cuire. Notez que cette recette du sud de l'Italie met immédiatement la viande dans la marmite, afin qu'elle dore facilement avant d'ajouter les autres ingrédients.

1 gros oignon haché

2 cuillères à soupe d'huile d'olive

2 livres de gigot d'agneau désossé, coupé en morceaux de 1 pouce

Sel et poivre noir fraîchement moulu au goût.

1/2 tasse de vin blanc sec

3 tasses de tomates en conserve, égouttées et hachées

1 cuillère à soupe de romarin frais moulu

1 livre de pommes de terre bouillantes cireuses, coupées en morceaux de 1 pouce

2 carottes, tranchées 1/2 pouce d'épaisseur

1 tasse de pois frais ou surgelés, partiellement décongelés

2 cuillères à soupe de persil frais haché

1.Dans une grande cocotte ou une autre casserole profonde et épaisse avec un couvercle hermétique, cuire l'oignon dans l'huile d'olive à feu moyen jusqu'à ce qu'il soit ramolli, environ 5 minutes. Ajoutez l'agneau. Cuire en remuant fréquemment jusqu'à ce que les morceaux soient légèrement dorés. Saupoudrez de sel et de poivre. Ajouter le vin et porter à ébullition.

deuxAjoutez les tomates et le romarin. Réduire le feu à doux. Couvrir et cuire 30 minutes.

3.Ajouter les pommes de terre, les carottes, le sel et le poivre au goût. Cuire encore 30 minutes, en remuant de temps en temps, jusqu'à ce que l'agneau et les pommes de terre soient tendres. Ajoutez les petits pois et laissez cuire encore 10 minutes. Saupoudrer de persil et servir aussitôt.

Ragoût d'agneau et poivrons

Spezzato d'Agnello au Pepperone

Donne 4 portions

La piquante et la douceur des poivrons et l'agneau copieux en font deux aliments qui se marient parfaitement. Avec cette recette, une fois la viande dorée, il ne reste plus qu'à la remuer de temps en temps.

1/4 tasse d'huile d'olive

2 livres d'épaule d'agneau désossée, coupée en morceaux de 1 1/2 pouce

Sel et poivre noir fraîchement moulu au goût.

1/2 tasse de vin blanc sec

2 oignons moyens, hachés

1 gros poivron rouge

1 gros poivron vert

6 tomates italiennes, pelées, évidées et hachées

1. Faites chauffer l'huile dans une grande casserole ou un faitout à feu moyen. Séchez l'agneau. Ajoutez suffisamment d'agneau dans la poêle pour qu'il tienne confortablement en une seule couche. Cuire en remuant jusqu'à ce qu'il soit doré de tous les côtés, environ 20 minutes. Transférer l'agneau rôti dans une assiette. Faites cuire le reste de l'agneau de la même manière. Saupoudrer de sel et de poivre sur toute la viande.

deux Lorsque toute la viande est dorée, retirez l'excédent de gras avec une cuillère. Ajoutez le vin dans la casserole et remuez bien en grattant les morceaux dorés. Porter à ébullition.

3. Remettez l'agneau dans la marmite. Ajouter les oignons, les poivrons et les tomates. Réduire le feu à doux. Couvrir la marmite et cuire pendant une heure et demie ou jusqu'à ce que la viande soit très tendre. Servir chaud.

Ragoût d'agneau aux œufs

Agnello Cacio et Uova

Donne 6 portions

Puisque les œufs et l'agneau sont associés au printemps, il est naturel de les combiner dans les recettes. Dans ce plat, populaire sous une forme ou une autre dans le centre et le sud de l'Italie, les œufs et le fromage forment une garniture légère et crémeuse pour le ragoût d'agneau. Il s'agit d'une recette typique de Pâques, donc si vous souhaitez la préparer pour un repas de fêtes, transférez le ragoût cuit dans un joli plat à rôtir et servez avant d'ajouter la vinaigrette. Une combinaison de gigot et d'épaule d'agneau offre une texture plus intéressante.

2 cuillères à soupe d'huile d'olive

2 oignons moyens

3 livres de gigot et d'épaule d'agneau désossés, parés et coupés en morceaux de 2 pouces

Sel et poivre noir fraîchement moulu au goût.

1 cuillère à soupe de romarin finement haché

11/2 tasses maisonBouillon de viandeouSoupe au poulet, ou un bouillon de bœuf ou de poulet du commerce

2 tasses de pois frais écossés ou 1 paquet (10 onces) de pois surgelés, partiellement décongelés

3 gros œufs

1 cuillère à soupe de persil frais haché

1/2 tasse de Pecorino Romano fraîchement râpé

1. Placer une grille au centre du four. Préchauffer le four à 425° F. Dans une cocotte ou une autre casserole profonde et lourde avec un couvercle hermétique, chauffer l'huile à feu moyen. Ajouter l'oignon et l'agneau. Cuire, en remuant de temps en temps, jusqu'à ce que l'agneau soit légèrement doré de tous les côtés, environ 20 minutes. Saupoudrez de sel et de poivre.

deux Ajouter le romarin et le bouillon. Bien mélanger. Couvrir et cuire, en remuant de temps en temps, pendant 60 minutes ou jusqu'à ce que la viande soit tendre. Si nécessaire, ajoutez un peu d'eau tiède pour éviter que l'agneau ne se dessèche. Ajoutez les petits pois et laissez cuire encore 5 minutes.

3. Dans un bol moyen, fouetter les œufs, le persil, le fromage, le sel et le poivre au goût jusqu'à ce que le tout soit bien mélangé. Versez le mélange uniformément sur l'agneau.

Quatre. Cuire au four à découvert pendant 5 minutes ou jusqu'à ce que les œufs soient pris. Sers immédiatement.

Agneau ou chevreau aux pommes de terre, à la sicilienne

Capretto ou Agnello al Forno

Donne 4 à 6 portions

Baglio Elena, près de Trapani en Sicile, est une ferme en activité produisant des olives, de l'huile d'olive et d'autres produits alimentaires. C'est aussi une auberge où les visiteurs peuvent s'arrêter pour prendre un repas dans la charmante salle à manger rustique ou séjourner pour des vacances. Lors de ma visite, j'ai eu droit à un dîner sicilien à plusieurs plats composé de plusieurs types d'olives préparées de différentes manières, d'un excellent salami préparé sur place, de divers légumes et de ce simple ragoût. La viande et les pommes de terre sont cuites dans seulement une petite quantité de vin et de jus de viande et de légumes, créant une symphonie de saveurs.

Kid est disponible dans de nombreuses boucheries ethniques, notamment celles d'Haïti, du Moyen-Orient et d'Italie. Il ressemble tellement à l'agneau qu'il peut être difficile de faire la différence.

3 livres d'épaule d'agneau avec os, coupée en morceaux de 2 pouces

2 cuillères à soupe d'huile d'olive

Sel et poivre noir fraîchement moulu

2 oignons, tranchés finement

1/2 tasse de vin blanc sec

1/4 cuillère à café de clous de girofle moulus

2 brins de romarin (2 pouces)

1 feuille de laurier

4 pommes de terre moyennes tout usage, coupées en morceaux de 1 pouce

2 tasses de tomates cerises, coupées en deux

2 cuillères à soupe de persil frais haché

1. Placer une grille au centre du four. Préchauffer le four à 350° F. Dans une grande cocotte ou une autre casserole profonde et lourde avec un couvercle hermétique, chauffer l'huile à feu moyen. Séchez l'agneau avec du papier absorbant. Ajoutez suffisamment de viande pour qu'elle tienne confortablement dans la casserole sans encombrement. Cuire au four, en retournant les morceaux avec des pinces, jusqu'à ce qu'ils soient dorés de tous les côtés, environ 15 minutes. Transférer les morceaux dans une assiette. Faites frire le reste de la viande de la même manière. Saupoudrez de sel et de poivre.

deuxLorsque toute la viande est dorée, retirez la majeure partie du gras de la poêle. Ajouter l'oignon et cuire, en remuant de temps en temps, jusqu'à ce que l'oignon soit fané, environ 5 minutes.

3.Remettez la viande dans la marmite. Ajouter le vin et porter à ébullition. Cuire 1 minute en remuant avec une cuillère en bois. Ajouter les clous de girofle, le romarin, les feuilles de laurier, le sel et le poivre au goût. Couvrir la casserole et transférer au four. Cuire 45 minutes.

Quatre. Ajouter les pommes de terre et les tomates. Couvrir et cuire encore 45 minutes ou jusqu'à ce que la viande et les pommes de terre soient tendres lorsqu'on les pique avec une fourchette. Saupoudrer de persil et servir chaud.

Ragoût d'agneau et de pommes de terre des Pouilles

Tiella di Agnello

Donne 6 portions

Les cocottes étagées cuites au four sont une spécialité des Pouilles. Ils peuvent être préparés avec de la viande, du poisson ou des légumes, en alternance avec des pommes de terre, du riz ou de la chapelure. Tiella est le nom donné à la fois à ce mode de cuisson et au type de plat dans lequel le ragoût est cuit. La tiella classique est un plat rond et profond en terre cuite, bien que des casseroles en métal soient souvent utilisées aujourd'hui.

La méthode de cuisson est la plus inhabituelle. Aucun des ingrédients n'est grillé ou précuit. Tout est superposé et cuit jusqu'à ce qu'il soit tendre. La viande sera bien cuite mais toujours moelleuse et délicieuse car les morceaux sont entourés de pommes de terre. La couche inférieure de pomme de terre fond, molle et pâteuse, pleine de viande et de jus de tomate, tandis que la couche supérieure est croustillante comme des frites, mais beaucoup plus savoureuse.

Pour la viande, utilisez des morceaux de gigot d'agneau bien coupés. J'achète un demi-gigot d'agneau en papillon à l'épicerie, puis je le coupe en morceaux de 2 à 3 pouces à la maison, en éliminant le gras. C'est parfait pour cette recette.

4 cuillères à soupe d'huile d'olive

2 livres de pommes de terre au four, pelées et tranchées finement

1/2 tasses de chapelure sèche

1/2 tasse de Pecorino Romano ou Parmigiano-Reggiano fraîchement râpé

1 gousse d'ail hachée finement

1 1/2 tasse de persil frais haché

1 cuillère à soupe de romarin frais moulu ou 1 cuillère à café de romarin séché

1 1/2 cuillère à café d'origan séché

Sel et poivre noir fraîchement moulu

2 1/2 livres d'agneau désossé, paré et coupé en morceaux de 2 à 3 pouces

1 verre de tomates en conserve, égouttées et hachées

1 tasse de vin blanc sec

¹1/2 tasse d'eau

1. Placer une grille au centre du four. Préchauffer le four à 400° F. Graisser un plat allant au four de 13 x 9 x 2 pouces avec 2 cuillères à soupe d'huile. Égouttez les pommes de terre et étalez-en environ la moitié au fond de la casserole.

deuxDans un bol moyen, mélanger la chapelure, le fromage, l'ail, les herbes, le sel et le poivre au goût. Étalez la moitié du mélange de chapelure sur les pommes de terre. Mettez la viande sur les miettes. Assaisonnez la viande avec du sel et du poivre. Répartissez les tomates sur la viande. Disposez dessus les pommes de terre restantes. Ajoutez le vin et l'eau. Tartinez le tout avec le reste du mélange de chapelure. Arroser des 2 cuillères à soupe d'huile d'olive restantes.

3. Cuire au four de 1 1/2 à 1 3/4 heures, ou jusqu'à ce que la viande et les pommes de terre soient tendres lorsqu'elles sont percées avec une fourchette et bien dorées. Servir chaud.

Gigot d'agneau aux pois chiches

Stinco di Agnello avec Ceci

Donne 4 portions

Les mangues nécessitent une cuisson longue et lente, mais une fois cuites, la chair est moelleuse et fond presque dans la bouche. Si vous achetez des gigots d'agneau dans un supermarché, il faudra peut-être parer davantage la viande. À l'aide d'un petit couteau à désosser, coupez le plus de gras possible, mais laissez une fine couche de viande d'apparence nacrée, appelée peau argentée. Aide la viande à conserver sa forme pendant la cuisson. Pour de nombreuses recettes, j'utilise les cuisses que les Italiens feraient avec leur plus petit gigot d'agneau.

2 cuillères à soupe d'huile d'olive

4 petits gigots d'agneau bien parés

Sel et poivre noir fraîchement moulu

1 petit oignon haché

2 verres de bouillon de boeuf (Bouillon de viande)

1 tasse de tomates pelées, évidées et hachées

1/2 cuillère à café de marjolaine ou de thym séché

4 carottes, pelées et coupées en morceaux de 1 pouce

2 branches de céleri miniature, coupées en morceaux de 1 pouce

3 tasses de pois chiches cuits ou 2 boîtes de conserve (16 onces), égouttées

1. Dans une cocotte suffisamment grande pour contenir les pilons en une seule couche, ou dans une autre casserole profonde et lourde avec un couvercle hermétique, faites chauffer l'huile à feu moyen. Séchez les gigots d'agneau et faites-les bien saisir de tous les côtés, environ 15 minutes. Inclinez la poêle et retirez l'excédent de graisse avec une cuillère. Saupoudrez de sel et de poivre. Ajouter l'oignon et cuire encore 5 minutes.

deux Ajouter le bouillon, les tomates et la marjolaine et porter à ébullition. Réduire le feu à doux. Couvrir et cuire 1 heure en retournant les cuisses de temps en temps.

3. Ajouter les carottes, le céleri et les pois chiches. Cuire encore 30 minutes ou jusqu'à ce que la viande soit tendre lorsqu'on la perce avec un petit couteau. Servir chaud.

Gigot d'agneau au poivre et prosciutto

Brasato di Stinco di Agnello avec pepperoni et prosciutto

Donne 6 portions

J'ai mangé à l'Osteria del Tempo Perso dans le centre historique de cette charmante vieille ville de Senagaglia, dans les Marches, sur la côte Adriatique. J'ai eu des cappelletti en entrée, des « petits bouchons » remplis de pâtes fraîches avec des saucisses et une sauce aux légumes, suivis d'un ragoût d'agneau avec des poivrons aux couleurs vives et des lanières de prosciutto. Dans cette recette, j'ai adapté les saveurs du ragoût aux jarrets d'agneau.

4 cuillères à soupe d'huile d'olive

6 petits gigots d'agneau bien parés

Sel et poivre noir fraîchement moulu

1 1/2 tasse de vin blanc sec

2 pouces de brin de romarin frais ou 1/2 cuillère à café séchée

    1 1/2 tasses Bouillon de viande

2 poivrons rouges, coupés en lanières de 1/2 pouce

1 poivron jaune, coupé en lanières de 1/2 pouce

1 cuillère à soupe de beurre non salé

2 onces de prosciutto italien importé tranché, coupé en fines lanières

2 cuillères à soupe de persil frais haché

1. Dans une cocotte suffisamment grande pour contenir les gigots d'agneau en une seule couche, ou dans une autre casserole profonde et lourde avec un couvercle hermétique, faites chauffer l'huile à feu moyen. Séchez les gigots d'agneau. Faites-les bien cuire sur toutes les faces, en retournant les morceaux avec une pince, pendant environ 15 minutes. Inclinez la poêle et retirez l'excédent de graisse avec une cuillère. Saupoudrez de sel et de poivre.

deuxAjoutez le vin et faites cuire en raclant et en remuant les morceaux dorés au fond de la casserole avec une cuillère en bois. Porter à ébullition et cuire 1 minute.

3. Ajouter le romarin et le bouillon et porter le liquide à ébullition.

Quatre. Couvrir partiellement la poêle. Réduire le feu à doux. Cuire, en retournant de temps en temps, jusqu'à ce que l'agneau soit très tendre lorsqu'on le perce avec une fourchette, environ 1 1/4 à 1 1/2 heures.

5. Pendant que l'agneau cuit, mélangez le paprika, le beurre et 2 cuillères à soupe d'eau dans une casserole moyenne à feu moyen. Couvrir et cuire 10 minutes ou jusqu'à ce que les légumes soient presque tendres.

6. Ajoutez les poivrons doux et le jambon Serrano à l'agneau avec le persil. Cuire à découvert à feu moyen jusqu'à ce que les poivrons soient tendres, environ 5 minutes.

7. À l'aide d'une écumoire, transférez les cuisses et les poivrons dans la poêle chauffée. Couvrir et réserver au chaud. Si le liquide laissé dans la casserole est trop liquide, augmentez le feu et laissez cuire jusqu'à ce qu'il réduise et épaississe légèrement. Goûtez et rectifiez l'assaisonnement. Versez la sauce sur l'agneau et servez aussitôt.

Gigot d'agneau aux câpres et olives

Stinchi di Agnello aux Capperi et olives

Donne 4 portions

En Sardaigne, la viande de chèvre est généralement utilisée pour ce plat. L'agneau et la chèvre ont un goût très similaire, le gigot d'agneau est donc un bon substitut et beaucoup plus facile à trouver.

2 cuillères à soupe d'huile d'olive

4 petits gigots d'agneau bien parés

Sel et poivre noir fraîchement moulu

1 oignon moyen haché

3 1/4 tasse de vin blanc sec

1 tasse de tomates fraîches ou en conserve, pelées, évidées et hachées

1 1/2 tasse d'olives noires dénoyautées et hachées, comme Gaeta

2 gousses d'ail finement hachées

2 cuillères à soupe de câpres, lavées et hachées

2 cuillères à soupe de persil frais haché

1. Dans une cocotte suffisamment grande pour contenir les pilons en une seule couche, ou dans une autre casserole profonde et lourde avec un couvercle hermétique, faites chauffer l'huile à feu moyen. Séchez l'agneau et faites-le bien dorer de tous les côtés. Retirez l'excès de graisse avec une cuillère. Saupoudrez de sel et de poivre.

deux Étalez l'oignon sur l'agneau et faites cuire jusqu'à ce que l'oignon soit tendre, environ 5 minutes. Ajoutez le vin et laissez cuire 1 minute. Ajoutez les tomates et faites cuire à feu doux. Réduisez le feu à doux et couvrez la casserole. Rôtir pendant 1 à 11/2 heures, en retournant les cuisses de temps en temps, jusqu'à ce que la viande soit très tendre lorsqu'on la perce avec un couteau.

3. Ajouter les olives, l'ail, les câpres et le persil et cuire encore 5 minutes en retournant la viande pour l'enrober de sauce. Servir chaud.